U0029148

人生減壓的思緒清理術

清理造成負擔的雜亂思緒，找到真正屬於自己的核心價值和目標

史蒂夫 · 史考特（S. J Scott）
貝瑞 · 達文波特（Barrie Davenport）——著

溫澤元——譯

目次

第四部　整理周遭環境

| 引言 |

思維如何影響結果

想要擁有快樂人生，需要的其實不多，關鍵在於你的內心與思維。

——古羅馬哲學家皇帝馬可・奧理略（Marcus Aurelius）

你是否曾被腦中的思緒搞得煩躁紊亂？每週的例行任務是否帶來壓力和焦慮，讓你喘不過氣？你是否曾想過，如果不用再擔心人生，那該有多好？

負面思維在所難免，但如果你常覺得自己快被這些思緒壓垮，或許就該仔細檢視**自己到底在想什麼**，以及思緒對心理健康造成何種影響。

內在獨白是與生俱來的心理要素。內在獨白時時刻刻、不分晝夜都存在於腦中，提醒我們記得添購生活用品，使我們因為錯過妹妹的生日感到羞愧，或是讓我們對報紙頭條的內容感到焦慮，例如政治新聞、環境議題、經濟現況等等。

這些思緒是人生的背景雜訊，就算我們沒注意到它們的存在，這些聲音也從未退場。現在，花幾秒鐘專心聆聽自己的思緒，試著停止腦中的聲音。其實挺不容易的，對吧？靜下心聆聽後，我們才會發現，就算自己不想，也沒有主動製造這些思緒，雜音還是接連浮現。

有些思緒毫無來由，而且一點用也沒有。例如：「我的手臂好癢。」「好像快下雨了。」「我把鑰匙放哪？」

然而，也有不少思緒擾人安寧，甚至是相當負面。例如：「這傢伙是個混蛋。」「我把這個計畫搞砸了。」「剛剛不應該那樣對媽媽說話，我好後悔。」

不管是正面、中性還是負面的思緒，都會讓心智紊亂。這種感覺就像家裡堆放太多物品，空間雜亂無章。

遺憾的是，清理腦中紛亂的思緒不像清理家中的雜物那麼簡單，我們沒辦法把思緒「丟掉」，也不能期待這些思緒一去不回。這就像一場永無止境的打地鼠遊戲，打消負面思緒後，它們下一秒又立刻冒出頭。

為何會有負面思維？

想像看看，假如內心是間井然有序的房子，裡頭沒有多餘無用、令人勞心耗神、感到厭煩的物品，該有多麼清爽。如果腦中只有啟迪人心、令人振奮又感到安適的思維，會是什麼感覺呢？

不妨將心智想像成一片平靜無雲的藍天，而我們有權決定哪些物體能在空中盤旋飛翔。既然大家都渴望擁有這片純淨無雲的內心天空，那為什麼我們總是想這麼多，卻不從雜亂、非必要的思緒中，將正面、必要的訊息篩選出來？

腦中大約具有一千億個神經元，脊髓中則有十億個。神經元之間，總共約有一百兆個相連接的部位，這些部位稱為突觸，是負責處理訊息的細胞。

我們強大的腦部總是分秒不歇地處理、分析各式各樣的經驗與感受，思維就是這段過程的產物，並且構成了我們所認知的現實。

我們能夠控制、導引思緒，但有時候，思緒彷彿擁有自己的意志，反過來控制我們、引導我們的感受。我們都必須先經過思考的過程，才能解決問題、分析事物、做決定與策畫；不過，大腦積極運轉時，思緒偶爾就像狂野的猴子，拉著我們在負面情緒、擔憂、猶豫……等思緒構成的荊棘中穿梭。永不止息的內在獨白，讓我們無法專注在身邊發生的事物，錯失了體驗生命中珍貴時刻的良機，更破壞了當下的喜悅與幸福感。

令人不解的是，我們都以為自己要多多思考，或是想得更用力、深入，才能「了解」為何我們無法擁有理想中的滿足與快樂。我們試著尋找各種物品、人與經驗，以求抑制心中的渴望、舒緩抑鬱的情緒；不過，越將焦點擺在絕望的情緒上，我們就越感沮喪。我們望向未來，回顧過去，只為找到解答，但這些思緒卻令人焦躁、空虛不安。

其實，幾乎所有的負面思緒都跟過去或未來相關。就算渴望擺脫腦中那台永遠關不掉的錄音機，我們還是經常受困於悔恨與擔憂的思緒中，不斷循環。

我們不僅得跟這些思緒抗衡，還得應付擺脫不了這些思緒的無力感。只要這些負面思緒持續循環，心中的感受就會越來越糟。我們彷彿一分為二，其中一半負責思考，另一半負責批判：當其中一半開始思考時，另一半就會有所警覺，並批判這些思緒有多糟。

這種思考與批判並存的現象，讓我們感到痛苦。腦中有越多恐懼、罪惡或悔恨的思緒，壓力、焦慮、憂鬱與憤怒等感受就會更顯著。有時，因思緒而來的負面情緒讓我們無法動彈，這些情緒也剝奪我們心中的平靜與滿足感。

雖然這些思緒是讓人痛苦的元兇，但我們始終以為，自己對這些思緒無能為力。我們沒辦法不想這些事情，對吧？我們沒辦法任意將大腦關機，擺脫心中喋喋不休的聲音，以及隨之而來、令人無法好好享受人生的情緒。

在某些短暫的片刻，我們會意外感到平和與寧靜。不過，我們更常擅自幫自己開藥，用暴飲暴食、酒精、藥物、工作、性愛或運動等各種方式，來鎮壓心中嘈雜的聲音。可惜，這種平息雜音、減輕痛苦的方法往往都是治標不治本，過不了多久，那些思緒又會捲土重來，使我們再次掉入循環。

難道我們注定是「猴子思維」的受害者嗎？難道我們就得不斷跟思緒奮戰，被擔憂、悔恨及焦慮給擊垮？我們有沒有辦法讓心智更清明，擺脫負面與痛苦？

儘管我們無法讓心中的那棟房子永保乾淨整齊，但我們能影響思維，大幅提升生活品質與快樂程度。思考看似是個自動、無法掌控的行為，不過，許多思維模式其實都是習慣使然，甚至是未經思考的產物。

雖然我們跟思緒彷彿不可分割，但我們其實都有個「意識清醒的自我」，能夠刻意介入思考的過程，妥善管理思緒。事實上，我們比想像中更能控制思緒。只要學會如何控制心智，就能撥開未受控制、層層堆疊的念頭，迎接源源不絕的創造力與靈感，享受美妙人生。

透過各種正念練習以及實用的習慣，我們都能削減思緒的影響力，在心中騰出更多空間，享受內在的平和與快樂。屆時，我們就能釐清人生大小事的先後順序，分辨哪些事情是重要的，哪些則無關緊要，並且找到屬於自己的理想生活方式。

讓大腦放鬆、找回生活品質的思緒清理術

本書的目標很簡單，就是告訴大家，有哪些習慣、行動及心態，能夠整理心中雜亂的思緒，讓大家更容易專注、更活在當下。

我們不會只是告訴讀者「要做哪些事情」。本書提供的行動建議不僅實用，更具有科學根據。如果能按照我們的建議，規律練習，就能獲得實質、長遠的改變。

本書分為四大章節，每章的內容都相當豐富。讀者能夠運用本書提供的技巧，改善生活中壓力特別大或讓自己喘不過氣的領域。具體來說，本書涵蓋以下四大主題：

1. 整理思緒
2. 整理人生義務

3. 整理人際關係
4. 整理周遭環境

閱讀時，你會發現此書提供許多練習，能夠即刻對你的心態產生正面影響。由於全書內容豐富，我們建議第一次先讀完整本書，再回頭找出人生中最需要改善的一個領域。換言之，你要找出一項能立即改變人生的「快速致勝點」。

我們是誰？

本書由貝瑞與史蒂夫共同撰寫而成。

貝瑞是獲獎網站「活出自信，活出光彩」（Live Bold and Bloom）創辦人，此網站的宗旨為協助他人成長。她是領有執照的個人成長教練，也負責編寫線上課程，幫助大家運用有效、實用的策略來突破舒適圈，打造更快樂、豐富、成功的人生。此外，貝瑞也寫了數本勵志書籍，專門探討好習慣、生命熱情、建立自信、專注正念與極簡等主題。身為企業家、三個孩子的媽兼屋主，貝瑞深知，善加簡化並管理內外在的生活，能對人生帶來意義非凡的重大改變，消除壓力，盡情享受人生。

史蒂夫經營名為「培養好習慣」（Develop Good Habits）的部落格，寫了一系列與生活習慣相關的著作。他的寫作理念是希望讓讀者知道，只要持續培養好習慣，就能擁有更棒的人生。

貝瑞和史蒂夫曾合寫兩本探討正念和簡單生活的書籍，分別為：《十分鐘大掃除：輕鬆好習慣，打造極簡居家環境》（*10-Minute Declutter: The Stress Free Habit for Simplifying Your Home*）與《十分鐘數位大掃除：簡單好習慣，解決科技超載困擾》（*10-Minute Digital Declutter: The Simple Habit to Eliminate Technology Overload*）。這些著作不僅向大家分享如何管理物質財產小訣竅，更點出一項道理：除去人生的「雜音」，就能對心理健康帶來正面影響。

我們之所以決定寫這本書，以及採用書中提到的所有作法，都有各自的出發點與理由。

貝瑞的故事……

過去幾年來，貝瑞的生活方式和人生優先順序起了重大的改變。貝瑞感到生活空虛，不時還得應付廣泛性焦慮。已是一名母親的她，開始追尋自己對於哪些事物懷抱熱忱，也努力讓「腦中的聲音」靜下來，不讓隨之而來的焦慮與痛苦繼續困擾她。

這段追尋之旅讓貝瑞展開一段全新職涯，她成為個人成長教練，撰寫自我成長部落格，也是老師與作家。她在工作與研究過程中經歷許多靈光乍現的時刻，不僅對正念練習、極簡理念有更深入的了解，也找到自己最想投入時間與精力耕耘的人生重要事項。

最近，她從擁擠繁忙的亞特蘭大搬到北卡羅來納州的阿什維爾，這個城鎮的生活步調較慢，讓她能夠將重心擺在健康生活上，也能盡情享受食物、人際互動、大自然和音樂。

她的新家規模比舊家小了許多，淘汰不少個人物品，服飾配件也比較精簡。她替自己的人際關係、生活體驗排出優先順序，認為有意義的工作遠比物質生活、金錢與名聲來得重要。在日常生活中，貝瑞試著透過冥想、運動以及徜徉在大自然中，來維持生活的平衡，活在當下。

史蒂夫的故事……

多年來，史蒂夫的生活過得很簡單，然而到了二〇一五下半年，他的人生出現重大轉折。他不僅步入婚姻，還迎來小寶寶、買房子，並開展新事業。雖然這都是值得慶祝的好事，卻也替他的人生帶來更多壓力。

起初，史蒂夫被這些變化壓得喘不過氣，但他最後學會如何簡化腦中的思緒，專注於自己正在處理的事。現在，他跟老婆小孩相處時，都百分之百投入在當下；工作時，他也能在極具生產力的狀態中完成任務。

史蒂夫與貝瑞用來克服生活壓力的策略並不容易，不過，只要你願意每天執行，這些策略絕對實用有效。繼續讀下去，你就能學到這些消除壓力的方式。

你為何需要讀這本書？

這本書是寫給那些發現思緒不受控制，甚至因此降低了自身專注力、生產力、快樂及內在平靜的人。

如果你有以下困擾，本書對你來說將會非常受用：

- 常發現自己被焦慮、負面、缺乏生產力的思緒給綑綁。
- 因為過度焦慮、擔憂，失去了珍貴的時間、專注力與精神。
- 因為想停止負面與強迫性的思考，而感到沮喪、困擾。
- 心理負擔過大，感受到龐大的壓力、不安、焦慮甚至憂鬱。
- 發現自己試著透過金錢、物質、工作、成功或名聲，來填補心中的空虛或哀傷。
- 總是感到忙碌、壓力大到喘不過氣，彷彿失去自我。
- 發現自己借助酒精、藥物、其他能分散注意力的事物、慾望與衝動，來麻痺痛苦的思緒或情緒。
- 考慮改變生活中各種事項的優先順序，學習管理、了解自己的思緒，不被思緒牽著走。
- 上司、伴侶或家人會說你顯得心不在焉，似乎時常分心、心煩意亂或壓力太大。

・單純是想要一個更加平衡、冷靜平和的生活方式。

一言以蔽之：

如果你渴望擁有簡單平靜的精神生活，想找回浪費在過度思考、焦慮上的時間與精力，這本書絕對能幫到你。你不僅能從這本書中，學到整理、管理思緒的技巧，更能獲得可以立刻採取的相應策略。

本書內容豐富，接下來立刻進入正題，討論人為何會被思緒綑綁，而思緒具體來說對我們又有何影響。

| 第一部 |

整理思緒

心智雜亂的四大成因

撇除無關緊要的事物。瑣事應該要一天比一天少，而非越來越多。

——李小龍

介紹各種消除負面思緒的練習前，得先了解這些思緒為何存在。因此，在這個章節中，我們會探討心智紊亂的四大成因。

成因一：日常壓力

許多人被生活壓得喘不過氣，主要是壓力過多所致。資訊過量、雜物過多，而且被迫不斷在各項物質與資訊中做選擇，這些現象都對我們構成壓力，並造成廣泛性焦慮、恐慌、憂鬱等心理健康問題。

美國心理學會（American Psychological Association）指出，這些壓力加上人生中常有的煩惱與憂慮，可能導致睡眠問題、肌肉疼痛、頭痛、胸口悶痛、頻繁感染、胃部及腸道不適；其他指出壓力與身體狀況直接相關的研究，更是不勝枚舉。

著有《快樂，多10％就足夠》（*10% Happier*）的ABC新聞主播丹・哈里斯（Dan Harris），曾在播報全國新聞時恐慌症嚴重發作，自此他才承認，不堪負荷的心理壓力已對他造成影響。

身為新聞從業人員的他，必須前往阿富汗、以色列、巴勒斯坦與伊拉克等前線採訪，這份工作要求甚高，競爭激烈，使他陷入憂鬱與焦慮。為了紓解內心的痛苦，他擅自服用娛樂性藥物，反而導致恐慌症在直播現場大爆發。

看過醫生之後，丹才對自己的心理狀況有所警覺。他在ABC新聞網的一則文章中提到：「坐在醫師辦公室裡，我才發現，許多我不假思索採取的行動，已經帶來巨大的傷害。比如說，我當初完全沒想到前進戰區可能會影響心理健康，就毫不猶豫地出發；還有用毒品取代腎上腺素。我彷彿是在夢遊狀態中，做出這一連串愚蠢的行徑。」

丹所謂的「愚蠢行徑」，其實只不過是人類對腦中思緒的反應罷了。生活變得緊繃複雜時，想要逃避或逃跑是最直接的心理反應。外在資訊過多、時常處在負面環境中、必須不斷做出抉擇，這一切都可能導致我們做出不利於健康的反應。

成因二：選擇的弔詭

「選擇自由」是自由社會中備受推崇的特點，卻可能對心理健康造成負面影響。心理學家貝瑞・施瓦茨（Barry Schwartz）提出「選擇的弔詭」（paradox of choice）這個概念，來總結他的研究發現：選擇越多，反而更容易導致焦慮、優柔寡斷、無力以及不滿足。客觀來看，更多選擇照理來說能促成更理想的結果，實際上卻是無法讓人更快樂。

想像一下，你去採買生活用品時通常是什麼狀況？根據食品行銷協會（Food Marketing Institute）的統計，一般超級市場中，平均有四萬兩千兩百一十四件商品。以前，買完所有生活必需品只要十分鐘；如今，光是掙扎到底哪個牌子的優格最棒，或是哪個品牌的無麩質餅乾比較好，就得花上整整十分鐘。

還有，光是挑選牛仔褲這種人手一條的必備單品，我們就得先做出無數個選擇。垮褲版型？靴型剪裁？窄管褲？寬筒褲？復古刷色？鈕扣還是拉鍊？買條褲子也能令我們一個頭兩個大。

史蒂夫・賈伯斯、馬克・祖克柏與美國前總統歐巴馬都決定減少穿搭選擇，降低選擇帶來的壓迫感。作家麥可・路易士（Michael Lewis）曾在《浮華世界》（*Vanity Fair*）的一篇文章中，介紹前總統歐巴馬的精簡穿衣哲學。根據文章，歐巴馬說：「我試著減少穿搭選擇，所以每次亮相只穿灰色或藍色西裝。我不想一直猶豫該吃什麼或穿什麼，因為我已經有夠多決定得做了。」

成因三：太多「東西」

家裡堆滿從來不穿的衣服、不讀的書、不碰的玩具和永不見天日的雜物，電腦收件匣始終呈現爆滿狀態，桌面雜亂不已，手機永遠閃著「儲存空間不足」這類訊息……

正如《十分鐘數位大掃除》一書中提到的：「我們已變成科技產品的奴隸，放棄真實世界中的互動與感受，寧願選擇快速瀏覽資訊，追求短暫而即時的娛樂。」

如今，新舊資訊持續更替，科技越來越普及，大量吸收各種事物與資料數據已非難事。只要輕點滑鼠，就能訂購書籍或馬達快艇等各式商品，甚至享有產品直送到府的服務。

我們在家中塞滿各種閒置的物品，花時間瀏覽一連串推特、最新訊息、部落格貼文還有貓咪影片。身邊的雜物與資訊堆積如山，我們卻不知該如何處理與面對。

這些身外之物與資訊，不僅讓我們耗費大量時間，降低生產力，更會使我們產生消極、被動、焦慮又負面的思想。

例如：

- 「我的臉書朋友好像過得很快樂，我的生活好慘。」
- 「該不該買 FitBit 手錶來記錄健康狀況，才不會那麼早死？」
- 「完蛋了，我忘記收看『如何在三十歲前賺進百萬』這個網路研討會，如果錯過重要資訊怎麼辦？」

每件事都看似既緊急又重要。每封電郵跟簡訊都得回覆，最新發明與科技產品也必須購入。這種心態讓我們靜不下來，總是忙著處理瑣碎小事，逐漸跟周遭的人和心中的感受疏離。

我們總覺得要接收新鮮事物與資訊就已經忙不過來，哪還有時間整理跟大掃除？但是，忙到某個程度，精神和情緒都會感到疲勞。吸收新事物時，我們會不斷分析思考、憂慮煩惱，直到瀕臨崩潰。

原本能讓生活平衡、頭腦清醒的生活價值觀跟人生優先清單，現在怎麼會被我們拋諸腦後？究竟該怎麼做？我們無法讓時光倒流或活在沒有科技的世界裡，也無法拋下有形的外在財物過著穴居生活。我們必須找出辦法，清醒澄澈地活在現代世界。

如果能夠設法清理雜物、減少花在科技產品上的時間，確實有助於消除一部分焦慮及負面思維。不過，除此之外，還有很多原因會讓我們迷失在紊亂的負面想法、焦慮和後悔中。

我們擔心身體健康、工作、子女、經濟狀況、人際關係、外觀容貌、他人對自己的看法、恐怖主義、政治、過去的痛苦、無可預知的未來……這些想法讓我們鬱鬱寡歡，也讓我們忽略了一件事：其實，只要除去腦中這些不斷干擾的聲音，我們在當下就能感受更大的快樂。

成因四：消極偏見

傍晚，躺在床上，我才初次察覺腦中那個聲音的存在。自從有記憶以來，那個不斷評論的聲音始終喋喋不休，支配我的意識，但它根本是個混帳。

——丹・哈里斯

人類的祖先每天都得面臨無數次生命威脅，活下來是他們的基本需求。儘管經過了六億年的演化，我們的神經系統反應依舊跟祖先相差無幾。

加州大學柏克萊分校至善科學中心（Greater Good Science Center）高級研究員瑞克．漢森（Rick Hanson），在他的網站上曾發表一篇文章，內容指出：「人類祖先為了存活，大腦經過自然演化，演化後的大腦會不斷誘使人類犯下三種偏誤：高估威脅、低估機會以及低估資源（這是為了與威脅抗衡，並把握機會）。」

「消極偏見」就是這麼來的。消極偏見代表我們對負面刺激的反應，會比對正面刺激來得強烈。相較於強度相同的正面刺激（例如響亮的聲音與鮮豔的色彩），負面刺激會令人產生較多神經活動。另外，我們比較容易接收負面刺激，接收速度也較快。漢森表示：「碰到負面經驗時，大腦就像魔鬼氈；碰到正面事物卻像不沾鍋。」

消極偏見跟思緒有何關聯呢？這代表，人類天生注定會過度思考、擔憂，而且容易用比事實更負面的角度來看待各種情況。面對威脅時，我們會覺得威脅比實際上更恐怖，碰到挑戰時，也覺得挑戰更艱難。

進入你內心的負面思維感覺非常真實，所以會有一股推力，讓你斷定這就是現實。但你根本不住在山洞裡，不需要每天面臨生命威脅。你或許天生就會負面思考，但你根本不需要乖乖接受這種先天傾向。

作家山姆．哈里斯（Sam Harris）說：「與其把每個竄入意識中的思緒當成真理，其實我們還有別的選擇。」這個選擇就是「正念」（mindfulness）。正念練習一點也不難，只要透過本書提供的特定練習，就能加強正念。

重新訓練大腦，讓大腦擺脫擔憂未來的心理雜亂狀態，專注在當下的這個片刻，就稱為正念。進入正念狀態後，我們就能與腦中思緒保持距離，將注意力放在當下正在做的事情上。

聽起來不難，對吧？

這個概念聽起來很簡單，然而改變思考模式並不容易。

整理思維就跟培養其他習慣一樣，都需要練習、耐心，以及願意從零開始慢慢進步的意志力。但不用擔心，我們會在書中告訴你每個步驟。你不僅能學到如何訓練大腦、控制思緒，也能養成特定習慣，讓日常心理練習更上手。

在這個部分的其他章節中，我們會仔細介紹四種整理思緒的習慣。試過之後，你會發現，只要能控制思考，就會更專注、更有生產力，更心平氣和面對當代生活的各種瘋狂需求。

事不宜遲，立刻來介紹第一個重新訓練大腦的習慣——專注呼吸。

整理心智狀態習慣1

專注深呼吸

「感受如同雲一般在空中隨風來去。有意識的呼吸就像錨一樣，讓我感到安定。」

——釋一行

雖然我們每天呼吸兩萬次，但我們可能壓根沒想過呼吸這件事。大腦會根據身體的需要，自動調節呼吸。爬樓梯或跑步時，我們根本不用刻意去想：「我現在要用力深呼吸，讓氧氣進入肌肉。」呼吸節奏就會自然加深、加快了。

大腦、血管、肌肉跟肺裡的感測器，會根據身體狀況來替我們調節呼吸，不過只要我們想要，隨時都能拿回主導權。我們能夠放慢呼吸的速度，變換呼吸的位置（胸腔或腹部），甚至能決定呼吸的深淺。

當我們被思緒搞得煩亂、壓力過大時，第一個徵兆就是呼吸節奏的改變。感到焦慮、憂鬱、匆忙或憤怒時，我們的呼吸會變快，甚至喘不過氣。當代的生活方式和工作型態，都讓人難以正確、深沉地呼吸。

貝瑞曾在《正念的寧靜》（*Peace of Mindfulness*）一書中提到：

很可惜，我們幾乎整天坐著，沒什麼需要深呼吸的機會。祖先為了狩獵、採集食物、農耕或從事其他體力活，常常需要深呼吸。我們因為長時間坐在桌前，或是窩在沙發上看電視，早已習慣用短促、淺層的方式來呼吸。

趕時間或匆忙時，我們的呼吸節奏會加快，變得較為急促。壓力大、感到焦慮或忙著解決問題時，我們的身體會感到緊繃，整個人向前傾，呈現頭部朝下、雙手抱胸、肌肉緊繃的狀態。

這些姿勢都把呼吸給限制住了。我們被壓力與憂慮籠罩時，那些移動胸腔、調節吸氣與肌肉緊繃程度的肌群彷彿變成一把鉗子，把呼吸道捏住，讓人難以呼氣，突然之間，我們就忘了要呼吸。

你或許很少留意自己的呼吸與姿勢，不過，只要對呼吸更有意識，就能讓身心達到更冷靜平和的狀態。

從現在開始注意呼吸，有意識地感受自己每天如何吸氣與吐氣。

練習專注深呼吸時，請謹記以下四點：

1. 在家時，避免一直坐在桌子前方或窩在沙發上，站起身，讓肺有更多空間可吸入氧氣。試著去感覺身體有哪些部位感到緊繃，用心想像這些部位正在「吸氣」；呼吸時，感受這些部位逐漸放鬆。
2. 避免用嘴巴呼吸，而是用鼻子呼吸。鼻子具有防衛機制，能避免不乾淨的物質或太過冰冷的空氣進入體內。此外，鼻子也能偵測可能對身體有害的有毒氣體。用嘴巴呼吸，反而可能讓細菌與病毒進入體內，所以還是用鼻子呼吸吧。

3. 吸氣時，輕柔地將腹部向外擴張，邊吸氣邊想像用氣體填滿肚子。呼氣時，慢慢將氣吐出，腹部回歸原來的位置。

4. 用心感受淺層呼吸（呼吸只停在胸腔）與腹式呼吸的差別（腹式呼吸也稱橫膈膜呼吸法）。後者能讓氣體進入肺葉下半部，讓氧氣交換更完全。藉由橫隔膜的活動，腹部呼吸也能按摩腹部區域的器官。

要擺脫負面思緒、提升對精神的掌控，其中一種方法，就是緩慢、深沉規律的呼吸。專注呼吸能刺激副交感神經系統，降低心跳速度，放鬆肌肉，讓頭腦冷靜下來，使大腦恢復正常運作。

深呼吸能讓你感覺自己跟身體緊密連結，讓精神不再聚焦於擔憂上，並且讓腦中的內在獨白安靜下來。這種伴隨深呼吸而來的生理變化，就是「放鬆反應」。放鬆反應一詞是由賀伯・班森（Herbert Benson）博士所提出，他身兼教授、作家、心臟病專科醫生，也是哈佛身心醫學研究所的創辦人。他在著作《放鬆反應》（*The Relaxation Response*）中，分享多種放鬆技巧（其中包含橫隔膜呼吸法），用以治療各種與壓力相關的病症。

班森提到：「放鬆反應是一種深層休息的狀態，能改變生理與情緒對壓力的反應……相反的狀態，則是戰鬥或逃跑反應。」

除了推廣放鬆反應，研究也證實深呼吸對健康有許多益處。以下是用鼻子深呼吸的幾大益處：

- 提升體內的一氧化氮含量，用鼻子呼吸時，鼻竇會產生一氧化氮分子，能夠大幅提升免疫力。
- 能去除血液中的毒素、提升氧化作用，藉以改善血液品質。

- 提升胃與消化系統的效率，協助消化與吸收。
- 促進氧化作用，改善健康、提升神經系統的功能。
- 加速循環，改善腹部器官與心臟功能。
- 讓肺變得強壯有力，避免呼吸相關病症。
- 減低心臟的工作量，也讓心臟變得更有效率、更強健，進而讓血壓下降，降低罹患心臟疾病的機率。
- 多餘的氧氣能有效燃燒過剩脂肪，協助控制體重。

只要每天花幾分鐘練習腹式呼吸，就能養成一輩子的好習慣，清除雜亂的思緒、降低壓力，讓精神狀態與身體都放鬆下來。以上都是多年研究與試驗歸納出來的結論。

貝瑞每天會深呼吸好幾次，例如趁工作休息的空檔練習，或是在就寢前深呼吸，讓身心準備好進入睡眠狀態。我們在任何時刻都能練習專注呼吸，尤其是在思考過度、壓力大或焦慮時，良好的呼吸方式更是不可或缺。就算一天只有專注呼吸短短幾分鐘，都能促進健康，讓內心更平靜。

不過，最好還是能安排特定的時間，規律練習專注呼吸。專注呼吸是冥想的基礎，我們馬上就會在下一章介紹冥想。如果能培養五到十分鐘的專注呼吸習慣，就能輕鬆地將這個習慣當作冥想練習的基礎與起點。

透過以下七步驟，進行每日深呼吸練習：

1. 決定練習深呼吸的時間，最好排在每天固定會做的某件事之後，例如刷牙。早晨是練習深呼吸的理想時間，畢竟一日之計在於晨。不過，如果上班很忙碌，不妨找幾個空檔做深呼吸，當作休息。睡前也很適合練習深呼吸，能讓你提前進入休息狀態。
2. 安排一個練習深呼吸的安靜空間，避免自己分心或受到打擾。關掉手機、電腦或其他可能擾人的設備。

3. 將計時器設定在十分鐘。

4. 將坐墊擺在地上，坐在上面，擺出冥想的姿勢，例如蓮花坐。也可以挺直脊椎坐在椅子上，雙腳平放於地面，雙手輕放大腿上。

5. 用鼻子慢慢吸氣，直到肺部充盈空氣為止，在吸氣過程中將腹部往外推。

6. 吸氣結束後，停頓，數到二。

7. 緩慢、輕柔地將氣體完全呼出，讓腹部回到自然狀態。呼氣結束後停頓兩秒。

剛開始別一口氣吸太飽，吸氣時數四秒，停頓兩秒，然後再吐氣四秒。如果發現自己換氣過度，吸氣時請不要吸得太深。不斷練習後，肺活量自然會增加，吸入更多空氣。

接下來介紹下一個正念練習，這個練習也需要配合專注呼吸，能夠讓你更平靜、心智更清明，提升內在的寧靜。

整理心智狀態習慣2

冥想

冥想的目的並不是讓心智安靜下來，而是讓人進入那個始終存在的安靜狀態。我們每天平均有五萬個紛亂的思緒，在那些思緒底下，就藏著這麼一個安靜的空間。

——狄帕克．喬布拉（Deepak Chopra）

並不是只有佛教徒、神秘主義者或帶著水晶球的嬉皮人士才能練習冥想。就算具有不同宗教信仰，甚至是無神論者，冥想仍然能替我們帶來許多益處，人人都能透過冥想來整理思緒。

如果你從未冥想過，或是不了解冥想的概念，也許會對於用蓮花坐的姿勢安靜坐著、讓心智放空這種事感到抗拒。可是，請不要被「冥想者都在山洞隱居」這種過時的觀念影響，敞開心胸嘗試冥想吧。

丹・哈里斯在《快樂，多10％就足夠》中提到：「冥想的公眾形象出了很大的問題……若能放下文化成見，你就會發現，其實冥想不過是大腦的運動罷了。」

冥想源自古老的佛教、印度教和中國傳統，至今已有數千年歷史。冥想有數十種形式，但絕大多數的基本步驟都相同：安靜地坐著，將注意力集中於呼吸，消除所有令人分心的外來影響。

冥想的目標因形式而異，也會依冥想者希望達成的效果而有所區別。就我們的立場來看，我們希望借助冥想來鍛鍊心智、控制思緒，最終做到無論是否在冥想狀態中都能達到這些成效。

冥想的益處在日常生活中俯拾即是，例如有助於控制焦慮和過度思考、改善身體健康等等，這些我們接下來會一一細談。

想完全體會冥想的益處，關鍵在於練習。如果能下定決心每天練習冥想，冥想技巧就會日益精進，心理、精神狀態與情緒也會日漸改善。

貝瑞發現只要練習冥想，當天就不會那麼焦慮不安，也更能專注在工作上，尤其是在寫作時感受最明顯。她發現，冥想讓自己更專注於當下，即使出現了容易令人分心的事物，也能將注意力導回正在處理的任務上。不僅如此，貝瑞也會在一天當中進行幾次簡短的冥想，讓自己在壓力大時能夠放鬆。

冥想步驟很簡單易懂，實際練習起來卻不容易。一開始你會發現，要讓心智靜下來、保持專注，就像訓練跳蚤一樣困難。不過只要多加練習，就會更得心應手，在練習過程中更投入、享受。

戴維・利維（David Levy）教授在《今日美國報》（*USA Today*）上提到：「冥想就像在健身房裡鍛鍊那樣，能夠訓練『注意力』這塊肌肉。」

在本書介紹的所有策略中，冥想是對一個人的整體健康最有益的一項。冥想向來被視為有助於提昇注意力、集中精神的良方，這些說法近期也獲得了研究證實：

- 華盛頓大學公布的一項研究顯示，冥想能提高生產力與專注力。
- 另一項刊登在《大腦研究公報》（*Brain Research Bulletin*）中的研究證實，冥想確實能夠消除壓力。
- 麻省大學醫學院研究顯示，冥想能夠以多種方式提升腦力。
- 其他研究顯示冥想能夠保護老化的大腦，改善憂鬱與焦慮的症狀，讓大腦的學習與記憶區塊增厚，而且能夠幫助擺脫成癮現象。
- 研究發現冥想有助於擴散式思考，也就是藉由發想新點子來提升創造力。

我們在此分享這些研究，主要是為了再次強調冥想的強大益處，這些好處不僅有流傳數千年的軼事能夠佐證，更有嚴謹的科學研究撐腰。假如你曾對冥想抱持懷疑，覺得練習冥想是在浪費時間與精力的話，希望這些研究能改變你的看法。

接下來介紹貝瑞與史蒂夫的簡單十分鐘冥想步驟，你從今天就能開始練習。這個練習一點也不花俏困難，也無需特殊服飾與器材，只要一個安靜的空間與願意練習的心，就能開始冥想。

透過以下這十一個簡單的步驟，培養冥想習慣：

1. 找個能夠關起門完全獨處的空間來練習冥想。
2. 每天安排一個時段來練習冥想。如果你已經開始練習深呼吸，可以將深呼吸當作冥想的前置步驟。你也可以選擇其他前置步驟，在其他時段練習冥想。
3. 選擇一個位置，看是要在座墊上練習，還是直接坐在地板上，或是挺直背部坐在椅子或沙發上。盡可能不要靠背，以免進入睡眠狀態。
4. 排除令人分心的事物，例如將科技產品或其他會發出聲音的設備關掉，寵物隔離在房外。

5. 將計時器設定為十分鐘。

6. 舒服地坐在椅子上，或盤腿坐在座墊上。脊椎保持挺直，雙手輕放於大腿。

7. 閉上雙眼或專注往下看，接著深呼吸幾次。我們建議，每次冥想前深呼吸三至四次。

8. 逐漸將注意力放在氣息上，感受空氣進出鼻孔、胸腔和腹部的起伏。在吸氣、吐氣時，放鬆即可，切勿刻意用力。

9. 將注意力集中於呼吸帶來的感受。吸氣時，可以在心裡想著「吸」這個字，呼氣時想著「吐」。

10. 一開始，你肯定會東想西想。思緒開始游移時，不要刻意理會，將注意力拉回呼吸的感受上。腦中出現思緒干擾時，不要自責，這只不過是「猴子思維」試圖取回主控權。只要讓心智專注在呼吸上即可，練習初期可能要這樣反覆幾十次。

11. 專注呼吸時，可能會有其他感受或知覺，例如聽見聲響、身體不舒服、感覺到其他情緒等。這些感受出現時，只要知道它們的存在即可，再慢慢將注意力放回呼吸上。

你的目標就是慢慢變成旁觀者，看著這些聲音、感受、情緒、思緒出現，然後消逝。與這些事物保持距離，用觀察的方式來看待它們，過程中不加以批判，也不要有內在評論。

如此一來，思緒或令人分心的事物出現時，心智就不會反過來控制你或試圖逃跑。反之，你會更能控制自己的意志，提升將注意力拉回當下的能力。

一開始，你會覺得自己不斷在跟猴子思維搏鬥，但經過練習後，你就不用一直導引自己的思緒了。思緒會自然而然消失，你也會專注在當下，擁有極為沉靜廣闊的感受。這是相當平和、令人滿足的體驗。

冥想大師將這個沉靜的片刻稱為「間隔」，也就是處於思緒之間、安靜無聲的空間。一開始這個間隔會比較短，很難在這個間隔裡待超過幾奈秒。隨著冥想經驗更加豐富，你會發現這個間隔越來越長，出現得更頻繁，你能在裡頭休息的時間就更久了。

藉由這項練習，你就能短暫感受這個思緒之間的空白。閉上雙眼，開始專注在自己的思緒上，花幾秒鐘的時間，觀察思緒的來去。問自己：「下一個思緒會從哪裡來？」然後停下來等待答案。你會發現，等待時，腦中突然出現一個短暫的空白間隔。

《當下的力量》（*The Power of Now*）作者艾克哈特・托勒（Eckhart Tolle）認為，這個間隔就像貓咪觀察老鼠洞那樣。你是在意識清醒的狀態下等待，不過在這個間隔中，半點思緒也沒有。

如果想嘗試「思緒間的間隔」練習，也可以讓自己進入深層聆聽的狀態：安靜坐著，專注聆聽，彷彿試著傾聽遙遠、微弱的聲響。這個練習的道理相同，你要保持清醒警覺，在等待的過程中，不受思緒干擾。

剛開始練習冥想時，你或許無法體會這種空白間隔的感受，反而需要一直重新導引思緒、被身體的不適給干擾，甚至納悶為什麼要做這種愚蠢的練習。

你或許會嚴厲批判自己「做錯了」，或是懷疑自己到底有沒有進步。冥想過程中，你的思緒可能會不斷圍繞在當下的感受、冥想的進展等各式各樣的事情。就算你真的體會到那段空白的間隔，也很有可能被終於體驗到間隔的興奮感所干擾。

你的工作其實就是觀察，將思緒導引回當下，專注在呼吸上而已。冥想的目標並不是要到達極樂或靈性覺醒，只是要強化控制心智的力量，直到心智接收到訊息並讓步為止。經過努力，你就能夠掌控自己的意志與心智，而不是反過來被操控。

有些初學者會透過導引冥想的幫助來體驗冥想練習，並保持專注。網路上有許多導引冥想資源，另外也有數十款與冥想相關的手機應用程式可選用。

如果你很享受冥想的過程，可以慢慢將練習時間從每天十分鐘延長至三十分鐘，也可以在不同時段分別進行十五分鐘的冥想。

史蒂夫跟貝瑞認為，要是能夠撰寫冥想日誌，將經驗和冥想時的感受記錄下來，對冥想練習會更有幫助。盡量在冥想結束後、記憶猶新時立刻動筆，寫下冥想時有多不舒服，或是自己有多分心，也可以寫下過程中是否感受到「思緒間的空白間隔」。另外，也可以記下每天心理狀態的變化，比如焦慮、擔憂或緊繃的狀況是否有所緩解。經過一段時間，你就會有一份記錄冥想練習進展的資料，還能從裡頭看出冥想練習對你的心理狀態有什麼影響。

如果你覺得冥想不合胃口，想嘗試培養別種習慣來重塑負面思維的話，來看看下一項練習吧。

整理心智狀態習慣3

重塑所有負面思維

不管你認為自己做得到還是做不到，你都是正確的！

——亨利・福特（Henry Ford）

思考過程是生存的必要條件，也是在現代世界和他人競爭的關鍵。批判思考讓我們能快速、有效解決問題，創意思考讓我們發展出豐富、原創的點子，互相交流並產生連結。不過，不請自來的負面思考則讓人心智混亂，時常掏空生命的熱情。

澳洲心理學家羅斯・哈里斯（Russ Harris）在《快樂是一種陷阱》（*The Happiness Trap*）中提到：「大腦經過演化後，我們就逃不掉各種心理上的折磨：

自我比較、評估與批判，執著於我們缺少的，對於自己所擁有的卻迅速感到不滿足，而且會想像各種嚇人的情況，但其實那些情況根本不存在。難怪人類總覺得快樂好難！」

很多人一輩子受到負面思維所苦。他們總覺得，自己無法控制各種盤據在腦海中的思緒，更慘的是，他們真心相信腦中的「聲音」，以為天空真的要塌下來了。

雖然消極偏見真實存在，但如果你努力想改變、保持自覺，還是能對消極偏見有所掌控。儘管憂慮與絕望的念頭本來就會不由自主出現，可是如果不去挑戰或反抗，負面思考的影響力會越來越大，最後你甚至會相信那些思緒反映了自己的真實樣貌。只要養成重塑的習慣，就能察覺這種傾向，加以改變。

改變的第一步，是留意你的思維模式，在它們失控前加以阻止。

以下是可以全天候運用的六項策略，讓你打破思維模式，開始制服心智。

每項策略只需短短幾分鐘。

策略一：當個觀察者

開始對思緒保持警覺，將「自我」與思緒分離，單純觀察腦中出現哪些訊息。這個策略的訣竅是要以不偏不倚的角度來看待思緒，而不是加以批判。只要以抽離的角度，意識清醒地觀察思緒即可。

這個練習不限時段，也可以在冥想時進行。觀察思緒，而不是感受思緒，不要讓思緒與隨之而來的情緒對你造成影響。

策略二：將思緒認定為思緒

另一種將自我從思緒中抽離的辦法，就是在心中認定：這些思緒只不過是思緒罷了，並不是所謂的現實。

舉例來說，如果你在心裡想著：「這件事我做不完。」不妨把這個內心獨白改成：「我有個『認為自己做不完』的想法。」

這樣就能讓你更清楚意識到，思緒並不等於你這個人。

策略三：乾脆說不

發現自己陷入內心思緒的循環或擔憂時，立刻大聲說：「停止！」（說出口能強化效果）然後想像有一堵厚實的金屬牆，阻擋在脫韁的思緒前方。

貝瑞有時會想像自己將負面思緒推進無底黑洞，或是跟氣球綁在一起，任它們飄向遠方。

策略四：嘗試橡皮筋法

在手腕上套一條橡皮筋。每當你注意到手上的橡皮筋時，就停下來，留意腦中的思緒。如果正好陷在負面思維中，就將橡皮筋換手戴，或是輕輕用橡皮筋彈手腕，這種肢體動作能干擾負面思緒的流動。

策略五：了解負面情緒的起因

通常，我們會過度思考、產生負面情緒，都是被特定的人、情況或生理狀態所觸發的。請多留意自己常有哪些擔憂和焦慮。

是不是有什麼因素，觸發了擔憂和焦慮的情緒？

如果有，將這些因素寫下，當它們再度發生時，你才會有所警覺。這種警覺能避免你被負面思緒給淹沒。

策略六：讓自己分心

用能讓自己分心的事物，來打破負面思維的循環。做一些會占據思考空間的事，或者是投入需要聚精會神、耗費腦力的計畫，讓負面思維無處發展。

如果剛好塞車或正在排隊，可以在腦中默念九九乘法表或試著背詩。

整理心智狀態習慣4

老頭腦學新招

坦白說，人永遠得跟負面思維搏鬥，畢竟幾百萬年來的演化結果，很難被意志力擊敗。正如羅斯・哈里斯所言：「追求『毫無痛苦的存在』，注定是徒勞。」

不過，我們還是能採取更積極、主動的態度，選擇要讓哪種思維留在腦中，進而控制痛苦的程度。

干擾紛亂的思維，其實只是重新訓練大腦、學習從負面情緒中抽離的必經過程。人類的心智最討厭真空狀態，所以你必須用積極有益的想法來填補空白，以免負面思維捲土重來。

以下提供四種方式：

1. 挑戰既有思維，將其淘汰

你或許會發現，許多思維其實過於誇大。它們根本不是事實，至少並非全然屬實。你大概會想：「我好失敗，從來沒做對一件事！」此時此刻，你肯定覺得自己真的很失敗，但要是仔細檢視這個思維，就會發現這不完全是事實。其實，有很多事情你都做得不錯，在許多時候也挺成功的。

與其讓「非黑即白」的思維模式橫行無阻，不如在負面思維出現時，就加以挑戰制衡。簡而言之，就是舉出具體確切的例子來反駁思維，讓自己想起曾發生過的正向事件，或曾經成功做對的事。

假設你是作家，最近出的書收到負面評價，你肯定會想：「我是個爛作家，大家都討厭我的作品。」不過，如果你花時間瀏覽前面一百則正面評價，就會發現其實多數讀者還是喜愛你的文筆。

用這些正面事蹟來提醒自己，一開始可能會感覺不自在，但你最後一定能訓練自己，打破負面思維的循環。這項習慣有助於掌握自己的現實，即使自我毀滅的念頭組成了漫長的公路，也能在上面設下路障。

2. 練習接受

你可能會疑惑：「該怎麼應付那些是事實的負面思緒呢？」換言之，如果某些負面思緒的存在確實有其道理，該如何應對？

其實，我們偶爾都會覺得保持樂觀是不可能的，不過我們遭遇困境和挑戰時的思緒與感受，的確經常比實際狀況還要糟。

在艱困的處境中，沒有人能完全根除負面思維，可是只要接納這些負面思緒，就能減輕內心的負荷。當我們面臨困難和挑戰，努力奮鬥時，負面思維只會讓內心感受更糟。擔憂和自責無法替你找出解答，這時反而該保持清醒的頭腦、平和的心智。

發現自己正在掙扎、擔憂個不停時，不妨停下來對自己說：「我接受目前發生的狀況。」然後深呼吸，試著停止在心裡與之搏鬥。開始接受挑戰時，你可以……

- 想出改善或調整這個困境的策略。
- 想想自己在困境中學到什麼。
- 在忍耐、承受的同時，也尋求協助。

接受現況不代表逃避行動，這代表你不再盲目奮鬥或落荒而逃，而是讓自己採取正確有效的行動。

3. 採取正念的行動

過度思考一點意義也沒有，何不將心智拿來進行有條理的思考，接著再採取行動呢？

思緒混亂時，做點其他事情，讓自己從負面思維中抽離，如果是需要動腦或專注的事也行。不過，我們建議你採取正念的行動，將焦點擺在核心價值、目標和優先事項上。

其中一種迅速的辦法是決定目標，這點我們會在下個部分進行討論。找出明年的核心價值跟優先事項，就是你可以採取的第一項正念行動。

也可參考以下幾項活動：

- 寫作
- 練習樂器
- 製作手工藝品
- 畫畫或塗鴉

- 解決複雜的問題
- 讀書
- 背誦
- 練習演說
- 從零開始設計一樣東西

這些活動都需要極高的專注力，也具有一定程度的心理挑戰，讓你不會再有事沒事想太多、擔心過度。

4. 設定擔憂計時器

沒人能夠永久破除擔憂這項習慣。我們偶爾仍會陷入強大的負面思維中，再多的自我鼓勵、再怎麼轉移注意力都幫不上忙。

就算遇到這種狀況，你也不用一頭栽進負面思維的險境之中。你可以限制自己沉浸在負面思維中的時間，以免鑽得太深而無法自拔。

設定十到十五分鐘，允許自己對腦中出現的所有思緒感到擔心憂慮。讓這些負面思緒全部出籠吧！用這段時間來釋放所有壓抑的感受和思緒。在這段「擔憂時間」中，你也可以將所有想法寫進日記。動筆寫下思緒有助於整理想法，甚至還能催生出頗具創意的解決方案。

計時器響起時，起身做點別的事來轉移注意力（例如前面所建議的活動），讓自己確實離開那段擔憂時間。如果一個擔憂時段不夠，可以早上做一次，下午再做一次。第一個擔憂時段結束後，就要重振精神與心情，告訴自己：忍到下午的擔憂時段再來煩惱。

整理心智狀態總結

即使你不會動用所有策略來訓練心智、讓思緒更積極正向，上述這些建議依然讓你有多元的選擇，讓你在面對負面思緒時不會手足無措。貝瑞發現，要是想解決擔憂與過度思考的狀況，正面挑戰思維、認清它們不全然是事實，這個方法非常有效。

你會逐漸找出最適合自己的方式，以及應付煩心思緒的最佳策略。如果發現自己又陷入負面思維，別太氣餒；剛開始培養新習慣時，總要經過一陣子的規律練習，才會更得心應手。

現在，讓我們進入下一個主題：核心價值的重要性。下一階段將告訴你，如何藉由核心價值來排除許多心理障礙，使生活簡潔無負擔，將注意力和精神擺在最重要的任務上。

第二部

整理人生義務

核心價值的重要性

人類在現代生活中最大的挑戰，就是釐清究竟哪些是真正重要的任務，並排除那些乍看重要、仔細檢視後卻不是如此的人生義務。如果你跟絕大多數人一樣，肯定會發現各種資訊如潮水般不斷湧來，越來越難簡化、整理或是略過。

跟上一個世代相比，我們擁有更多可取得的資訊、數據，也享有更豐富的物質生活。不過，這種全新生活方式並未附帶說明手冊，令人無所適從。

我們很難後退一步，評估資訊過量對生活造成的影響，這個狀況讓我們備感壓迫。此外，我們也不知道如何選定真正重要的優先資訊與事項。對於生活中的所有資訊，我們一概接收，卻沒有謹慎評估哪些對我們最有益。

上一代人的忙碌程度絕對不遜於我們，況且在當時，有助於節省時間的科技尚未問世，無法讓他們的生活更輕鬆、更具生產力。但是，跟我們這一代相比，他們卻擁有一大優勢：他們不像我們，每分每秒都得應付源源不絕的資訊，被迫面對大量選擇。

他們很清楚該如何調配時間，身邊也沒有那麼多金錢或額外選項會讓自己難以專注、備受干擾。那些在經濟大蕭條環境中成長的「偉大世代」，具有強大、清晰的核心價值，很清楚自己的人生優先事項，二戰期間與戰後的艱困世局更讓他們養成穩固的使命感。

不可撼動的工作倫理觀念與愛國精神，還有對家庭、信仰的投入和專注，就是這一代美國人的特點。他們之所以懂得該如何分配時間與精力，是因為他們清楚自己是誰，也明確知道自己的人生主張。

但不必氣餒，我們還是有辦法破除當代社會的「雜音」，每當紛亂繁雜的選項蜂擁而至、令我們焦躁，我們依然能做出有效的選擇。這個解方就是找出核心價值。

為何要找出核心價值？

一種整理思緒、讓生活更令人滿意的簡單方法，就是找出屬於自己的人生核心價值與指導原則。比起其他世代，我們更需要生活指導原則，幫助我們釐清該如何分配時間、精神與金錢。

為什麼核心價值這麼重要？

因為核心價值就像一個衡量標準，讓我們在做各種選擇與決定時有所依據，專注成為自己理想中的模樣，找出理想的生活方式。只要將核心價值謹記在心，就能打造出一個迎接快樂、內在平靜與清晰思考的最佳環境。

核心價值就是人生的基礎，即使經歷時間、困境與重大變革的考驗，都不會動搖。擁抱自己的核心價值，就像成為一棵把根扎得又深又穩的樹，再大的暴風雨都不會讓我們傾頹倒地。只要有清楚的核心價值，心中就不會有過多疑慮，也能減少過度思考、擔憂與焦慮的狀況。

舉例來說，貝瑞在職涯領域設定的一項核心價值，就是要保有自由與彈性。訂下這個核心價值後，她就不再追求那種朝九晚五的傳統工作，因為她知道自己肯定不會快樂。就算有絕佳的工作機會找上門，她也能不假思索地說：「謝謝，這不適合我。」這正是因為她心中有清楚的核心價值。

自我成長部落格經營者兼作家史特夫・帕夫里納（Steve Pavlina）也提到核心價值的重要性：

核心價值就像指南針，讓我們每天都能夠回到正軌，逐步往目標靠近，將生活塑造成理想中那個「最棒」的模樣。每個人對「最棒」的想像都不同，但基本上，越是靠近理想中的狀態，就算無法達到「最棒」的巔峰，我們也能盡情享受自己走向「越來越好」的整個過程。這段過程意義非凡，畢竟人生中的許多結果都得靠長期累積而成。

如果沒有照著核心價值來生活，或是人生價值沒有與時俱進，我們就會越走越偏，時時感到焦慮和憂心。如果我們還沒定義出專屬的核心價值，生活就會失衡、漫無目的，甚至連為什麼會這樣都不曉得。

第二部會介紹四種策略，教你找出核心價值，聰明分配、選擇人生義務，讓你的日常行動跟這些優先重要事項相符。

策略1

找出核心價值

如果想搞清楚為何自己總是有種不對勁的感覺，就得先知道，什麼對你來說才是對的。

你想成為什麼樣的人，想過什麼樣的生活？

如果你從未找尋過自己的核心價值，就像是在沒有指南針的指引下出航。你讓狂風暴雨決定船的走向，絲毫不去質疑、審視，便坦然接受結果。就算你曾經尋找過核心價值，現在重新思考也無妨，畢竟價值會隨時間改變。

你可以藉由以下六個步驟，找出核心價值：

1. 首先，瀏覽本書附錄的核心價值詞彙表，寫下每個對你的生活來說相當重要的價值。

2. 接著，再瀏覽一次詞彙表，寫下每個對職涯或事業來說相當重要的價值。

3. 從這兩組詞彙中，選出最重要的五到六個，寫在兩張不同的紙張上，分別標註「生活價值」與「工作價值」。

4. 在每個詞彙下方，寫出目前與該價值互相牴觸的生活方式。假如你有個價值是「與家人共度珍貴時光」，但你卻每週出差五天，這就代表你沒有實踐這項價值。

5. 針對每項價值，提出五個改進方法，調整這種與價值相牴觸的生活方式。問自己：「我該怎麼調整現況，讓自己實踐核心價值呢？」沿用前一個例子，其中一個方法可能是減少出外時間，或是請人幫忙打理家事，這樣你在家時就能撥出更多寶貴的時間給家人。寫下改善生活與工作這兩個領域的方式，就算現在看來窒礙難行也沒關係。

6. 在這兩張列表中，找出現在或近期可以實行的方法，並在項目前方打勾。

再將這些項目拆解成更細小、更易於執行的行動，例如打電話、重新安排行程表、將某些責任委派出去、思考轉換工作跑道的可能，或是修補伴侶關係的方式等。

找出與目標相符的價值後，每天瀏覽這張價值列表，確保自己的行動與期望的目標吻合。可以先將努力的目標擺在個人生活，接著再來改善工作領域；或者也可以從這兩個領域中各選出一項，從這兩個項目開始努力。

不管是選擇從哪一項價值著手，記得先從現況與目標差距最大的領域開始調整。跟其他領域相比，這個領域可能帶給你最大的痛苦與不安。你可以每天將行動列表切割成細項來執行，慢慢讓生活有所改變，並且設定界線，好讓自己不至於漫無目的地偏離核心價值。

就算是微小的變化，都能讓你的生活態度產生大幅的正向改變。就算無法立即全面展開行動，你也會慢慢找到方向，以及專屬的使命感與目標。這就是重拾力量的美妙感受！

有時候，我們難免仍會感到躁動不安、難以適應，但是透過這個練習，就能在波濤洶湧的人生大海中找到航向。

策略2

釐清人生優先事項

找出核心價值後，就以此為方向，執行另一項讓人生更富足的練習——釐清人生優先事項，才能清楚知道該將時間、精神和金錢投資在哪些事情上。

如果搞不清楚優先事項，生活的壓力就會主導我們的行動和決定。每收到一封電郵，我們就會回覆；每次臉書上出現吸引人的廣告，我們就掏錢消費；工作流程被別人打斷，我們也不加以制止。如果不知道生命中的重要核心價值，也會無法立定規則、界線與優先事項，找不到前進的方向。

透過以下練習，你就能看清，自己現在是將時間、精神和金錢投注在哪些領域。

盡可能誠實回答以下問題。回答問題時，將個人生活與職涯核心價值列表放在一旁，參考備用。

- 你每天花多少時間，進行與核心價值無關的活動（例如上網、看沒營養的電視節目、購物、做討厭的工作）？
- 在沒有特別留意的狀況下，你都是如何花錢的？
- 在沒有特別留意的狀況下，你都怎麼跟自己在乎的人互動？
- 你如何做出與工作、職場相關的決定？（例如，你是否會事先擬好計畫，還是大多時候都處於「被動反應模式」？）
- 你每天花多少時間，煩惱該如何以最佳方式運用時間與金錢？
- 在沒有特別留意的狀況下，你允許多少任務、義務和人際關係進入自己的生活？
- 你是否疏忽了其他也很重要、但似乎永遠沒時間去執行的人生事項？

了解自己都將精神跟注意力投注在哪事情上之後，就能決定人生重要事項的理想優先順序。

為讓討論更有意義，我們可以從人生七大領域來著手，找出專屬的人生優先事項，了解該如何分配時間與金錢。

如果這七大領域不完全適用於你現階段的人生，可以自行增減項目。

七大領域為：

1. 職涯
2. 家庭
3. 婚姻（或感情關係）
4. 心靈／個人成長／自我發展
5. 休閒／社交
6. 人生規畫（例如家務、財務規畫、預算等）

7. 健康與體態

如果你一天睡八小時，醒著的時間就有十六小時。預留兩小時給個人清潔和飲食，那麼一天就有十四個小時，每週就有九十八小時。為方便計算，我們就以每週一百小時來規畫。

這七大領域的理想優先順序該怎麼排？如何運用核心價值，將一百小時分配給這七大領域？

以下舉出兩個案例……

在貝瑞現階段的人生中，優先事項包括工作、感情關係與人生規畫。她的孩子已是青少年，最近全家搬到另一座城市定居，許多親友都不在身邊。

她希望能花更多時間在休閒與社交活動上，同時也想維持體態，並持續自我成長。在逐漸適應新生活環境的同時，她也試著投入更多心力在這些領域。

史蒂夫現階段的人生優先事項是家庭，因為他才剛結婚生子，父母也已七十歲了。所以他目前最重要的目標，就是盡可能多花時間跟所愛的人相處。

短短幾年前，他的人生重心是工作還有體態，但現在這兩個項目的重要性已經比不上人際關係。這代表，有時我們必須「看淡」那些曾經舉足輕重的事項。因此，雖然他現在仍投入工作，不過他也學到，即使無法在事業或體態方面締造新的里程碑，也不必感到焦慮。

以上只是兩位作者的案例。為了協助你找出人生優先事項，我們建議你回答這兩個簡單的問題：

1. 你現在的人生優先事項，在現實與理想中有何落差？
2. 如果想將精力投注在對你來說真正重要的事情，你需要採取哪些行動？

我們建議，可以先從能替人生帶來最大改善、或是失衡最嚴重的優先事項著手。你或許會發現，這個領域反映了好幾項尚未實踐的核心價值。

舉例來說，你可能會有一個跟家庭相關的核心價值，還有一個「多花時間與家人相處」的優先事項。那麼，你可以先從小處開始改變，例如下定決心每週多花一小時跟家人相處。

當然，這可能會擠壓到其他活動的時間，不過如果是不做也無所謂的事，或本來就不是第一順位的事，暫時擱置其實也不要緊。

每週持續增加時間，執行人生優先事項，直到你覺得理想生活已經離你不遠。

有時，調整事情的先後順序並不容易。如果想多花時間跟家人相處，但會影響到工作進度該怎麼辦？該怎麼處理工作時間被壓縮所造成的影響？

如果你想在健康與體態方面更投入，就要培養更具挑戰性的新習慣，來確保生活方式能夠符合這個優先事項。

如果想擁有和諧快樂的婚姻，或許就要放棄守在電視或電腦前的時間。起先，這個改變當然會難以調適。

光是找出自己的人生優先事項還不夠，有時還得採取困難的行動，生活才會朝我們希望的方向改變。離理想境界越近，內心的掙扎與衝突就會越來越少。

只要堅持一段時間，我們將會停止懷念舊時的習慣、選擇與行為，生活更加順遂，因為我們已經活出自己內心的渴望，找到與核心價值、優先事項相符的生活方式。

策略3
專注在正念目標設定

擁有核心價值、找出人生優先事項之後，我們自然會去思考如何在未來的生活中實踐這兩個方針。儘管擔心未來會讓人心神不寧，然而，計畫未來是相當重要的關鍵。計畫能讓你做好準備，在未來幾年達到真正富足、踏實的狀態。

不過，人真的有辦法在規畫未來的同時，仍然對當下感到快樂嗎？有辦法一邊對現況感到滿足，一邊成長發展嗎？我們認為，思考未來跟學習享受當下並不衝突。

許多偉大的作家和哲學思想家都談過要把握當下。知名心理學家亞伯拉罕・馬斯洛（Abraham Maslow）曾說：「活在當下的能力是心理健康的一大要素。」

暢銷作家一行禪師曾教導大眾，應該要有意識地體驗人生中的每一刻、每次呼吸、每個步伐，把它們當成福至心靈的時刻。

他認為，不需要等待改變或更好的事物出現，也無需對未來有所期盼，我們就能感到滿足。如果願意接受當下身邊美善的事物，就能立刻獲得滿足感。

當然，知易行難。

日常生活中，許多現實的因素將我們推向未來。我們為帳單煩惱，不知道小孩長大之後會變成什麼樣子，不曉得自己未來健不健康。而且，我們之所以會設定目標，本來就是在替未來做打算。

我們在擔憂和未知中掙扎，渴望獲得解答，不禁痛苦不已。我們捨棄當下的滿足，全心盼望能獲得更多、更不同或更好的事物，結果丟失了當下的生活。

既然未來的目標讓我們無法活在當下，為何又要專注在這些目標上？

因為，不管我們是否決定要專注於未來，都勢必會面臨改變。

無論我們是正以蓮花坐的姿態沉浸在當下，還是替未來感到擔憂焦急，人生就是會不斷改變。那麼，不如用正念的心態來創造未來。

如果我們相信，滿足與改變可以同時存在，就不會認定非得放棄其中之一不可。其實，我們有辦法在正念與自我創造間找到平衡。

我們可以將創造與達標的過程，視為快樂與滿足的來源。享受往前走的每一步，而非在等待結果時壓抑自己的快樂。在達成目標的路上，應該仔細去品味、欣賞每個微小的啟發與微小的行動。

當我們體認到設定目標與正念互不衝突之後，就能開始思索如何以符合人生核心價值的方式，來行動、創造、往目標邁進。

坐下來思考未來目標時，記得將核心價值與人生優先事項列表放在一旁，供自己參考。只要核心價值、優先事項都與理想生活相契合，就能根據這個方向努力前進。如果不參考核心價值與優先事項，未來就會充滿挫折，令人鬱鬱寡歡。

在下一節，我們會介紹史蒂夫是透過哪套步驟，以重要任務為核心來制定簡單目標。這套策略的優點是能夠減少對未來的煩惱與憂慮，讓人專注在當下的生活狀態。

策略4

打造每季SMART目標

如果想將注意力放在生命中真正重要的事項上，最簡單的方法就是設定能在近期達成的SMART目標。一年設定一次目標不夠，每季（每三個月）設下新目標才能專注在當下。

首先，我們來了解SMART目標的定義：

喬治・杜蘭（George Doran）在一九八一年十一月發行的《管理評論》（*Management Review*）雜誌中，首度提出SMART這個詞。

它是一個縮寫，意思代表：明確（Specific）、可衡量（Measurable）、可達成（Attainable）、相關（Relevant）以及時限（Time-bound）。

以下是每個詞的定義：

S代表明確

若有明確的目標，就能回答六個W：誰（Who）、什麼（What）、哪裡（Where）、何時（When）、哪些（Which）、為什麼（Why）。

只要我們想清楚這六個問題的答案，就知道該運用哪些工具、採取哪些行動來達成目標。

- 誰：誰參與其中？
- 什麼：想達成什麼？
- 哪裡：想在哪裡達成目標？
- 何時：何時想做這件事？
- 哪些：過程中會碰到哪些要求或限制？
- 為什麼：為什麼要做這件事？

設定明確的目標，你就能在達標時（日期、地點或目的）清楚知道自己辦到了。

M代表可衡量

可衡量目標指的是在達標過程中，進度都必須能以精確的時間、數量或其他單位來衡量。

假如目標能夠衡量，就更容易判斷自己是否順利從A點進展至B點，也能讓你知道自己努力的方向是否正確。一般來說，我們能用可衡量目標來回答「多少」、「多快」這類問題。

A代表可達成

可達成目標能拓展你對可能性的想像。可達成目標雖然並非不可能的任務，但它們通常都極具挑戰性，充滿了需要克服的障礙。設定可達成目標的關鍵，就是先檢視現階段的生活狀況，然後設定看似稍微超出極限的目標。即便最後失敗了，你還是往前邁進一大步。

R代表相關

相關目標能讓你專注在自己真正渴望的事物上。與相關目標相對的概念，就是毫無關聯、零散的目標；相關目標則與生命中所有重要事物相互契合，例如在職場上擁有成功的表現，或是與所愛之人相處的快樂。

T代表時限

具有時限的目標，代表這個目標有明確的時間限制，必須在目標日期之前達成期望的結果。有時限的目標極具挑戰性，又能讓你聚焦於一件事情上。可以將目標日期設在今天、幾週後、幾個月後，甚至是幾年後也行。設定有時限目標的關鍵，就是設定具體的完成日期，再以回推的方式安排進度，同時培養習慣（這部分稍後詳談）。

SMART目標清楚明確，如此一來，你就不至於搞不清楚自己到底達標了沒。到了期限的那一天，你就會知道自己究竟有沒有達成特定目標。

舉例來說，我們也可以在前幾章提過的七大領域中落實SMART目標：

1. 職涯：「我要在兩個月內，透過客戶推薦、人脈經營與社群媒體行銷活動，讓我的網站設計顧問公司接到五個新案子。」

2. 家庭：「至少每半年跟家人出遊一次，讓自己跟家人之間的關係更緊密。為了達成目標，我會每個月撥出一小時當作評估時間，規畫家族旅遊行程。」

3. 婚姻（或感情關係）：「我會找出自己愛伴侶的三個原因，並且在週五晚上告訴他／她。我會在每週二空出半小時，回想跟伴侶共度的美好時光。」

4. 心靈／個人成長／自我發展：「我會每天用五分鐘來感謝人生中的好事。為了養成這個習慣，我會在午餐前撥出時間，記下所有重要事項。」

5. 休閒／社交：「我每週會花三小時來學習、練習水彩畫。為了達成這個目標，我會戒掉看電視這種無關緊要的習慣。」

6. 人生規畫：「我會從每份薪水中存下十分之一，投資退休儲蓄計畫中的指數基金。」

7. 健康與體態：「我會在十二月三十一號前，每週健身三天，每次至少三十分鐘。」

希望這七個例子能讓你了解，如何藉由SMART目標來讓人生更平衡。接著來看所謂的六大步驟，協助你將這些資訊轉化成行動。

步驟一：找出對你來說重要的事項

如果希望達成有意義的目標，就不能把焦點擺在「所有的」生活領域上。原因很簡單：要是想進行有意義的行動，每天卻有一籮筐的目標得達成，那你很快就會被壓得喘不過氣。放眼未來固然重要，但還是要給自己足夠的時間活在當下。

我們建議，聚焦在三到四個生活領域即可。你可以參考前面提到的七大領域，找出對當下的生活最重要的項目，並替這三個領域設下挑戰性十足、令人期待的目標。

步驟二：設定為期三個月的目標

史蒂夫從過往的經驗中學到，長期目標中有太多變數。今天看起來很緊急的事，或許到下個月就無關緊要了。因此對他來說，比較有效的策略，是找出人生中的優先事項，再將這些項目拆解為三個月（每季）的短程目標。

為什麼是三個月呢？

生活步調快速，人生充滿變數。為了因應這些變化，最好設定短程目標，不僅能讓我們持續付出努力，也能將衝勁維持在一定的水平。

史蒂夫從經驗中發現，長期目標（超過半年以上）通常令人提不起勁。當我們知道要等好幾個月才能看到成果時，就容易拖延，難以持之以恆。我們會不斷將目標往後延，告訴自己下週絕對會著手執行。不過想也知道，一晃眼，一年就過去了，我們什麼事也沒達成。

所以不要把事情搞得太複雜，建議你找出當下最重要的三到四個生活領域，在每個領域當中，分別設定預期三個月內達成的明確SMART目標。

步驟三：利用每週評估來制定計畫表

在肩負大量人生義務的同時，還得持續朝著目標努力，實在不是容易的事。但是不用擔心，我們有個簡單的辦法能解決這種困境：每週進行一次評估，替未來七天制定每日計畫表。

每週評估是大衛・艾倫（David Allen）在《搞定！》（*Getting Things Done*）這本書中介紹的簡單技巧。每週一次評估未來七天的狀況（史蒂夫喜歡選在週日評估），安排想完成的活動或計畫。

藉由以下這三個簡單的步驟，就能完成每週評估：

1. 回答三個問題

仔細想想未來七天的模樣，回答以下問題：「我有哪些個人義務？哪些是優先計畫？我有多少時間？」你的答案至關重要，因為這關係到你能投入多少時間在未來七天的計畫上。

這個步驟的重點在於，你不該在未來一週安排數百件活動，否則你的腦袋會立刻充滿紛雜的思緒。理想方式是提前確認，自己究竟能投注多少時間在重要目標上。

2. 安排計畫

回答完上述三個問題後，著手安排未來七天的計畫。最簡單的執行方式，就是瀏覽每張目標清單，再將時間分配到最重要的活動上。

3. 整理腦中想法

如果你跟貝瑞或史蒂夫一樣，那麼每週肯定都能想到十幾個與目標相關的想法。但是，該怎麼落實這些想法？我的建議是整理這些想法，並從以下兩個選項中擇一：❶立刻採許行動；❷安排特定時間來執行。你可以這樣做：

如果該想法可執行……

那麼，寫下落實這個想法的各個階段與步驟。寫下你會針對這個想法採取哪些行動，再將這一系列行動排進未來七天之中。

如果該想法不可行……

那麼，就將這個想法收進資料夾中，進行每月評估。

如果能這樣處理每個想法，我們就不會忘記在對的時間採取行動。

每週評估是達標過程中的重要環節。制定未來一週的計畫時，你會產生一種迫切感，督促自己針對每個目標採取行動。每週評估也能協助你制定計畫表，將計畫表轉換為每日任務清單。

步驟四：針對目標採取行動

若不採取行動，就不可能達成目標。想達成目標，祕訣在於每週分配一定的時間，好好執行計畫、達成目標。因此我們推薦以下作法：

將目標轉換成計畫

最簡單的方式就是訂好完成日期，然後往回推算，安排進度。試著想像自己達成階段性目標的情景。如果要達成目標，需要採取哪些明確的步驟？確定要採取哪些行動後，就將這些行動按照順序，清楚列出來。

安排時間朝目標邁進

該花多少時間在各個目標上，全看每個活動需要多少時間。有些事情每星期只要幾分鐘，有些說不定得每天花上好幾小時（所以了解每個任務的所需時間很重要）。確定每個行動所需的時間，再將時間分配在未來七天上。

將目標變成優先執行事項

我們的行程表總是塞得滿滿的，每件事都擠壓到彼此的時間。怎麼辦？用早上起床最有精神的時候，或運用其他活力充沛的時段，來確實執行目標。

安排時間給各項行動

有些行動雖然重要，但並不迫切，這時我們就有可能怠惰、拖延。想要解決這個困擾，可以每週安排好時間，完成特定的行動。

史蒂夫用來落實這項策略的工具就是 ToDoist 免費應用程式。設定好為期三個月的計畫後，他會在 ToDoist 中建立專案，將所有達成目標需要採取的單一行動逐項列出，最後再將特定行動排進每週計畫表。

步驟五：回顧目標

達成目標的關鍵在於一致性。所以你應該要每天回顧「目標計畫」，確保自己達到每個重要里程碑。我們建議設定明確的衡量標準來評估進展幅度，並透過每週評估來檢視行動進度。

每天花時間回顧計畫，才有可能抵達終點。不管我們有多忙碌，如果沒有天天回顧目標，就比較難成功。

坦白說，在一段長程計畫中，人生隨時可能出現變化球。有時，挑戰會令你灰心喪志，讓你對計畫失去熱情。我們的建議很簡單：每天回顧計畫至少兩到三次。這樣一來，你就能保持對計畫的新鮮感與專注力，提醒自己為何每天要採取特定行動。

步驟六：評估每季計畫

你每天都努力達成目標，也會每天、每週回顧目標，難道這樣還會有什麼問題？問題在於，有些人從來不會稍微停下來，了解目標背後的動機和原因。換言之，這些人從來不評估目標，不去確認目標是否真的值得追尋。所以，我們必須每三個月評估一次目標，確保目標跟我們的人生使命相符，並根據思考、評估後的結果來設定新目標。

你可以根據以下問題來評估目標：

- 你有達到預期結果嗎？
- 哪些策略成功，哪些不成功？
- 你是否投注百分之百的心力來達成目標？如果沒有，為什麼？

- 達成的結果與付出的努力有成正比嗎？
- 下一季是否該設定較小的目標？
- 該刪去或改變哪些目標？
- 是否有任何想嘗試的新挑戰？

就算進行評估要耗費好幾小時，每季還是要花時間做一次。這個評估就像我們的終極防護措施，避免將時間浪費在與長期計畫不同方向的目標。

以上簡單介紹了設定ＳＭＡＲＴ目標的益處。接下來，如果想確保你所設定的目標符合期望，最理想的方式就是將目標與你熱愛的事物結合。在下一項（也是最後一項）策略中，我們會告訴你如何連結目標與熱情。

策略5
將目標與熱愛的事物連結

許多人在死寂的絕望中度過一生。每天睜開眼，他們都帶著些許恐懼、焦慮和哀愁。上班時，他們認為自己沒有發揮實力、不受賞識、工作內容乏味無趣。回到家，他們感到身心疲倦，剩下的一丁點體力只夠拿來照顧小孩、料理晚餐、癱在沙發上看幾小時的電視。隔天醒來，日子還是一成不變。

就算你的生活沒這麼慘，我想你或多或少心有戚戚焉，畢竟大家偶爾都會陷入低潮。現實與夢想總有一段差距，而我們總是屈就於現狀。我們總覺得現在這份工作了無新意，令人不快樂。這些焦慮不斷累積，使我們內心混亂、不得安寧。

人生總是有辦法將我們吞沒。我們活得不像自己，現實生活與理想差了一大截，卻又過了好長一段時間才有所警覺。等到我們看清現狀，身上也已背負各種義務與責任，就算心懷悔恨，也無法拍拍屁股走人。

「找尋人生熱情」這種句子，可能會讓你聯想到 Facebook 或 Instagram 上四處氾濫、毫無根據的格言。不過，把對你而言真正重要的目標落實為每日行動，確實是無比重要。

如果工作無法替你帶來成就感，就會對心理健康造成負面影響。仔細回想，你已經對惡劣的上司、討厭的工作還有錯誤的職涯選擇投注多少負能量了？人生有大半時間都在工作，所以在職涯上做的任何選擇，可能都是人生快樂與否的關鍵。

如果能找到喜愛的工作，就能將心智從壓抑的思維中解放，也能在人生中的不同領域感到活力充沛。

何謂活出生命的熱忱？

以下幾個例子，可以闡述這個概念：

- 你常常一醒來睜開眼睛，就對接下來一整天要做的事感到快樂雀躍。
- 你覺得自己處在「對的」地方，不管是在工作上或生活中，你做的事都是你真正想做、擅長的。
- 你會在生活中或職場上吸引有趣、志趣相投的人。
- 你不僅有自信，也覺得自己有掌控全局的力量，因為你正在做的事非常適合你。
- 你感受到更強烈的使命感與意義；廣義來說，至少你更有成就感。
- 你的生活整體來說比以往更棒，人際關係也更和諧快樂，因為你比以前更滿足、更自主，也更投入當下。

找出熱情所在，並將其融入生活中，這無法一蹴而就，也不像畫著色畫、照著食譜煮菜或換汽車機油一樣，有既定步驟可以遵循。要達成這項目標，需要靠各種行動與試驗的協助。

每個人都獨一無二，個性迥異，天資、夢想與人生義務也大不相同。你的人生熱情或許跟其他人不一樣，所以我們建議，你可以透過以下的十四步驟，來找出專屬於自己的人生熱情。

步驟一：寫下願景

參考核心價值與人生優先事項，寫下你希望在人生各領域有何成就，特別是在工作方面。你或許沒有確切的想法，不過，寫下自己不想要的情況或事物也是個不錯的出發點。

貝瑞曾在五年前寫下人生願景，她的願景如下：

我住在一個有趣、先進、充滿活力的城市，在這裡我能盡情享受大自然、藝術、文化、美食，也認識不少志趣相投的朋友。我喜歡我的工作，也能藉由這份工作來幫助他人，善加運用自己的輔導、人際溝通技巧，並且發揮寫作與創意的能力。

我的工作不受時間地點拘束，所以我能到處旅遊，走到哪工作到哪。我的收入持續增加，但絕不讓自己忙於工作導致生活失衡。

我現階段的感情關係，讓我感到被愛、被尊重以及互相扶持，對方是一位聰明、有創意、親切、很有道德觀念的男人。我跟親朋好友的感情相當好，也會彼此鼓勵扶持，定期相聚。我的三個小孩已是青少年，我們深愛對方，親子關係良好。我經常花時間在大自然中，每年會到從沒去過的地點旅遊。我每年都保持活躍、精力充沛，相當注意身體健康，也非常樂於迎接各種新的機會與可能。

現在，貝瑞搬到新城市居住，建立與自我成長相關的網路事業幫助更多人，規畫精彩的旅程，照顧人際關係、健康，讓自己保持彈性與自由。這麼看來，她真的透過行動，將願景轉化為現實了。

我們建議你寫下自己想要的未來，只要發現自己突然想要／不想要某個目標了，就隨時回頭修改，最後將這份願景貼在每天看得到的地方。

步驟二：重新審視現階段人生

如果你發現自己太過聚焦於不滿意的事物，不妨觀察現階段的人生中，是否跟前面所寫的願景具有共通之處。相符的特點可以保留下來，告訴自己：此時此刻，願景中的一部分早已存在！

將職場上那些正面、令你樂在其中的特點列成清單，例如舒適的桌椅或是討喜的顧客。也替自己的個人生活列一張同樣的清單，將順利、美好的事情記錄下來。

尋找人生熱情時，切記不要良莠不分，好壞一起丟。有時，我們因為專注在負面事物上，很容易忽略生活中正面的好事。

步驟三：自我探究

開始認識自己。你到底是誰？你的熱情與使命是什麼？你有什麼專長？可以利用以下的人格評估量表：

- 邁爾斯—布里格斯性格分類法（The Myers Briggs Test）
- 科塞人格氣質量表（The Keirsey Temperament Sorter）
- 其他有助於找出個人優勢的量表，例如優勢識別測驗第二版（Strengths Finder 2.0）

深入了解自己屬於哪一類人格，有了這一層認識，你的自我覺察力就會更加提升，感到更安心、更受啟發。

步驟四：開始閱讀

每天花十分鐘，閱讀任何與興趣或嗜好相關的書籍、文章。觀察別人如何將興趣跟點子運用在工作職場上，記下所有對你來說很有趣、有意義的事物。

你也可以考慮參與線上課程，這樣一來，就能更深入了解自己正在研究的嗜好或熱情。

步驟五：縮小搜尋範圍

開始閱讀資料、深入做功課之後，你會發現自己有更多職涯選擇。在這些領域下功夫研究，調查進入該領域需要哪些訓練、受哪些教育？這個領域的佼佼者有誰？薪資水平如何？需要磨練多久才能成為這個領域的專家？

開始搜集這些必要資訊，才有可能將潛在的人生熱情化為現實，成為人生的一部分。

步驟六：尋找導師

尋找一到兩位正在做你喜歡的工作、表現出色的前輩，主動跟他們聯繫。寫信詢問他們是否能提供建議，將想問的問題列成清單。

步驟七：腦力激盪，並且用筆記錄下來

做完所有研究之後，仔細想想，如果想將人生熱情落實在生活中，需要採取

哪些行動與步驟。將所有需要的行動列成一長串清單，再依照重要程度來排序，最後一一拆解成更小的步驟。

步驟八：跨出第一步

採取一項具體行動，跨出整個計畫的第一步。這一步可以是整理履歷表、報名訓練課程，或是打電話給某個人。你或許會擔心，不知道這一步是否正確，但總是要先採取行動才會知道結果。所以，先設定日期，邁出第一步吧。

如果你毫無頭緒，可以參考前面章節介紹的每季ＳＭＡＲＴ目標，將「找到一份有意義的工作」這個目標，轉化成可以拆解為每日行動的計畫。

步驟九：小試身手

只要親自嘗試，就能輕鬆分辨這個工作或活動到底是不是你的人生熱情所在。與其一股腦投身新領域，立刻尋找全職工作或開創事業，不妨先透過志工、兼職，或是觀察幾天業內人士的工作流程，來累積實務經驗。嘗試之後，你就能一窺該領域的真實面貌，到時再判斷這樣的工作是否能激發你的熱情。

步驟十：將他人納入考量

記得讓關係親密的人也參與這段過程。對方可能會對改變感到抗拒，但你還是要想想讓他們參與的可能性，遭到拒絕時又該如何應對。你的底線是什麼？對方可接受的範圍又到哪裡？敞開心胸，交流意見與看法。

步驟十一：存錢

開始存錢。轉行到新領域的時候，你或許會需要這筆錢，這可以用來做為教育和訓練基金，也能用來創業，或是當作事業營運初期的生活費與急用金。最好也開始思考，如何在必要時賺取額外收入。就算你是要轉換到另一份全職工作，有個備案總是好的。

步驟十二：規畫收入

想好年薪的最低限度。有了這層考量後，你才會知道該怎麼花錢、錢該省在哪些地方（如果你願意省錢）、你能夠忍受停留在這個薪資水平多久。沒有人想負債，所以要想出一個真的能讓你維持基本生活的實際數字。

步驟十三：打理好現階段工作

該如何從目前的工作轉移到新工作？別忘了將這個環節納入行動計畫中。開始新工作時，你要繼續從事舊的工作嗎？什麼時候跟現任雇主談，該怎麼談？就算要離職也得好聚好散，請用專業的態度來處理，給彼此留下好印象。

步驟十四：採取行動時保持熱忱與衝勁

從安穩的狀態往未知的領域前進，自然會感到害怕不安。但如果只停留在思考、規畫、擔憂跟高談闊論的階段，不僅會讓你無法往目標邁進，心智更會陷入一片紊亂。

每日採取專注的行動，才有可能讓你不斷前進。就算不知道該怎麼做，隨便做點什麼也行，只要在往夢想前進的方向上有進展就好。

這套十四步驟計畫具有許多正面效益，其中一項就是讓你不僅掌控人生、朝更有意義的彼端前進，同時也更具使命感。其實，朝目標前進的努力過程，有時候就跟成果一樣，很令人滿足、開心。《活出使命感》（*Living Life on Purpose*）作者葛雷格・安德森（Greg Anderson）曾說：「最好專注在旅程本身，而非目的地。喜樂是來自參與活動的過程，而非結果。」

我們絕大多數的精神痛苦以及負面思維，其實是源於對生活的不確定性，以及無法掌控人生的無力感。只要開始採取行動，尋找人生熱情，我們的心智就會更清明，內心也會更平靜。

讀到這裡，我們已經學到不少克服負面思維的策略，也知道該如何減少無謂的人生義務對生活構成的影響。下一個部分將會介紹某些人際關係對心理健康構成的負面影響，以及該如何面對、處理。

第三部

整理人際關係

不當人際關係的負面影響

小孩快把你逼瘋了，爸媽抱怨自己怎麼都沒人理，上司是個渾球，伴侶不了解你，好朋友也從來不打電話關心……

你時常感到煩躁、氣餒，甚至常對身邊的人發怒嗎？

這個問題的答案很重要，因為人際關係困擾就是讓人鬱鬱寡歡的主因。我們會在腦中反覆播放不愉快的談話內容，讓那短暫的瞬間在腦海停留好幾個鐘頭。或者，我們沒有跟好友與愛人聯繫感情，最後感到孤單、疏離，覺得沒有人關愛自己。

我們常在心中產生關於他人的錯誤看法，對他人的思想、舉止懷抱可能與事實不符的想像。無論是不是真的，那些想法都讓人痛苦、不知所措。

當然，人際關係中偶爾都存有誤會。但如果我們發現特定的人際互動令你情緒疲憊，就該想辦法改善這段關係，或者將某些人從生命中排除。

想像看看，假如生命中的人都不會令你感到焦慮，內心的負擔能減輕多少？你能將多少精力投注在有生產力、正向的行動上？

雖然在生活中，有許多重要的人可能對我們的心理造成負擔，可是，長期而言，擁有親密的人際關係仍是快樂的基礎。

好的人際關係能帶來快樂嗎？

「哈佛成人發展研究」（Harvard Study of Adult Development）這份針對快樂的研究，過去名叫「格蘭特社會適應研究」（Grant Study in Social Adjustments），這個研究的時間跨度也是史上數一數二的長。一九三七年起，哈佛大學的研究員就在探討一個問題：是什麼讓人感到快樂？他們以在一九三〇年代入學的兩百六十八名男學生為研究對象，觀察他們經歷戰爭、工作、婚姻、離婚、為人父母以及祖父母、最終步入老年的整段過程。

哈佛醫學院教授兼精神科醫師羅伯特．沃丁格（Robert Waldinger），是該研究的現任負責人，他指出，這份長期研究的結果相當明確：「親密的人際關係與社會連結讓人快樂與健康，這就是研究結果。那些較在乎成就、較不注重人際關係的人，也比較不快樂。基本上，人際關係對人而言是不可或缺的要素。」

人際關係何以既帶來快樂，卻又是心理疲勞的主因？其實，擁有多少人際關係並不是重點，關鍵在於擁有「高品質」的人際關係。無論是戀愛關係、朋友、家人或工作夥伴，一段高品質人際關係都要具備以下因素：

- 對這段關係的重視
- 開放的溝通
- 正向的衝突解決辦法

- 互信互重
- 共同興趣
- 在情緒／認知上達到某種程度的親密
- 接納與原諒
- 肢體接觸（適用於親密關係）

只要主動選擇要跟生活中的哪些人往來，以及如何與他們互動，就能對人生帶來莫大助益。創造、維持以及培養良善的人際關係，對身心健康與內心平和大有幫助。

與其仰賴他人來改變人際關係，不如從自己做起。儘管你的家人、朋友、事業夥伴需要改善他們的人際關係技巧，你還是可以先改變自己，藉此大幅減輕煩躁與痛苦。畢竟，我們無法改變他人，只能控制自己如何跟身邊的人互動，並給予回應。

以下要來介紹四種能夠改善人際關係的方法，替思維帶來直接、正面的影響。

人際關係策略1

更專注當下

北卡羅來納大學針對「相對較快樂、不痛苦的伴侶關係」進行研究，發現積極練習正念的伴侶都能讓關係變得更快樂，他們的「關係壓力、抗壓能力與整體壓力」也在合理範圍內。正念練習讓我們跟伴侶一起活在當下，與伴侶相處時比較不至於情緒化，也能更快渡過關係緊繃的時刻。

這項技巧其實並非僅限於情侶或夫妻之間，在其他人際關係中，一樣能練習正念，讓我們更專注投入任何一段關係。

在人際關係中更投入代表什麼？

以下是幾項可供練習的策略：

練習主動傾聽

你是否發現，有些人在對話時很少仔細傾聽？

對很多人來說，要集中精神很難，因為腦中塞滿各種思維。別人在說話時，我們想的卻是生活中的細節、煩惱，以及等一下該說什麼。

展現同理心的傾聽方式，稱為主動傾聽（empathic listening），這代表你願意擺脫不斷被干擾的心緒，以中立的態度來聆聽對方的話語。在聆聽時展現同理心，能令說話者感到安適，覺得自己受到認可和理解。

從傳統觀念來看，主動聆聽並非溝通談話的一環。主動聆聽無關施與受、對話交流或是爭取發言機會，重點在於專注在對方以及他說的話上，例如他說出口的語句、沒有說出來的弦外之音，還有說話時的情緒。

身為主動聆聽者，你必須願意：

- 讓對方主導整場對話以及對話主題。
- 對方說話時，保持專注投入。
- 就算你有重點要補充，也要避免插嘴。
- 抛出開放式的問題，引導對方說更多。
- 避免倉促下定論或提出解決辦法。
- 告訴對方你剛才聽到他說了什麼。

乍看之下，主動傾聽只對說話的人有好處，但是，身為聽者的你會處於高度專注的狀態。秉持同理心來傾聽對方時，你就不會陷入思緒的迴路中，或是被憂慮與悔恨等感受所干擾。

你可以找伴侶、家人或摯友練習主動傾聽。在下一次人際互動中，花十分鐘運用主動傾聽的技巧，聆聽對方談話，將注意力投注在對方與他所說的話上面。這樣一來，你與心愛的人之間的關係就能更緊密，也能暫時擺脫繁雜的思緒。

專注說話

負面思考有可能會破壞人際關係的品質。如果你說話的內容總是很負面，充滿自我譴責、對他人的詆毀、自憐自艾，就會讓別人認為你是個散發負能量的人。反過來看，如果你不斷散發正面訊息，就能夠鞏固既有的人際關係。舉例來說，約翰・高特曼（John Gottman）博士的研究發現，如果希望一段關係能穩定、婚姻能夠長久，正面互動的頻率必須是負面互動的五倍。高特曼的研究結果同樣可以套用在其他人際關係上：衝突與負面情緒只會讓人際關係越來越疏離。

覺察就是改變的第一步。我們建議在與人對談時，注意自己究竟在說什麼，跟伴侶溝通時更要如此。在你的思緒與話語之間架設一台過濾器，體察自己的話語對生命中最重要的人具有多大的影響力。

不要只想隨便回應某人的話語或行為。花點時間仔細斟酌用字，用帶有愛、同理心以及尊重的方式，以冷靜、不具侵略性的語調來說話，就算對方正在生氣或不耐煩也是如此。

當我們更專注說話，周遭的人也會更親切地回應。就算他人的態度沒有改變，我們還是提升了自我控制的力量，讓內心維持平和。

藉由專注說話練習，我們不僅能改善自己的人際關係，也會提升內在世界的品質。

慈愛冥想

慈愛冥想的重點在於對他人產生溫暖的感受。我們可以藉由慈愛冥想來改善與特定對象的關係，藉此消除腦中對他們的負面思維。

這種冥想能讓我們意識到，每個人都需要受到充滿愛和同理心的對待，就算對方難以相處也不例外。這樣一來不僅能提升我們的身心健康，也能減少人際關係中的衝突。

總共有三份研究支持這個說法。首先，史丹佛大學的科學家發現，專注在慈愛情感的冥想能提升自己與社會緊密連結的感覺。

另外，猶他大學的研究也指出，慈愛冥想練習能「全面降低我們從他人身上接收到的敵意、漠然、干擾以及嘲弄」。這種特別的冥想不僅能改善親密關係，也能增進我們與自身的關係。

最後，在一項劃時代的研究中，研究人員發現持續練習慈愛冥想七週，能提升愛意、喜悅、滿足感、感恩、自信、希望、興趣、樂趣、敬意等感受。

你可以在任何地點練習慈愛冥想。不過剛開始的時候，可以先找個不受干擾的安靜空間，練習十分鐘。

以下是練習慈愛冥想的流程：

- 採取舒適的坐姿。可以盤腿坐在地上，雙手輕放於大腿；或是挺直脊椎，坐在椅子上，雙腳無需交叉，腳掌貼地，手放在大腿上。

• 閉上雙眼，透過兩到三次深呼吸來淨化自己，接著開始默數呼吸次數，從一數到十。

• 放鬆之後，在腦中想一個你希望傳遞慈愛感受的人，想著他的正向人格特質，以及你從他身上看到的優點。

• 想著那個人的優點幾分鐘之後，在心中默念以下句子，將話語傳遞給所愛之人：「願你快樂，願你安好，願你被愛。」這個練習沒有嚴謹明確的規矩。你可以按照對象需求的不同，微調這些句子，也可以將句子中的「你」直接換成那個人的姓名。

此外，你也可以加入以下句子：

願你擺脫內在與外在的傷害和危險。

願你平安、備受呵護。

願你脫離內心的痛苦與不安。

願你擺脫身體的痛苦與折磨。

願你健康強壯。

願你能快樂、平和、喜樂、悠然自得地活在世上。

這個冥想練習不僅能改善人際關係，也能讓情緒更健康、內在更平和。如何練習慈愛冥想，全依個人生活習慣而定，因為這份練習的寶貴之處，是從付出努力到達成內心平和、思緒清明之間，那段深層的轉變過程。

停止與他人比較

不要再眼巴巴地看著自己渴望擁有的才華，也不要再為缺少某些天賦而落寞消沉，該做的是將自己擁有的能力發揮到極致。

——B・J・理查森（B.J. Richardson）

我們之所以會心理混亂、感到痛苦折磨，一大主因是我們常拿自己的缺點跟別人的優點相比。

- 「如果我能跟朋友一樣迷人就好了。」
- 「為什麼我沒辦法跟哥哥一樣聰明？」
- 「他們比我們有錢太多了。」
- 「她一天到晚旅行，我哪都去不了。」

這些念頭可能會在腦中猖狂地盤旋，讓我們感到自卑挫折，認為別人是我們不快樂的原因。用他人的成就、財富或人格特質來衡量自己，說不定會讓原本可以很圓滿的人際關係出現裂痕。

身為作家與企業家的貝瑞和史蒂夫，都知道我們很容易拿自己跟更有成就的人相比。「我也曾掉入陷阱，跟同儕相互比較。」貝瑞說：「這種想法破壞了我的工作專注力，覺得自己很無能，很嫉妒他們。後來，我重新站穩腳步，才發現我走的是屬於我自己的旅程，每個人的旅程本來就不一樣。」

比較心理容易導致許多負面情緒，不僅摧毀內心的平靜，更會破壞人際關係。越去想自己與他人的差異，對自己與他人的感受就會更糟。嫉妒、羨慕、羞愧、內疚、難堪、自我厭惡、憎恨、憤怒，這些情緒對人際關係有害無益，也不會讓你變得比較迷人。

作家葛瑞琴・魯賓（Gretchen Rubin）的著作《過得還不錯的一年：我的快樂生活提案》（*The Happiness Project*），曾榮登紐時暢銷書排行榜第一名，她說：「想要過快樂的人生，寂寞、嫉妒、內疚等負面情緒扮演舉足輕重的角色，這些情緒如同不斷閃爍的偌大警告牌，告訴你該做出改變了。」

大家偶爾都會拿自己跟別人比較，有時候，比較心態的確讓我們產生動力改變自己，或者追求在別人身上看到的優點。可是，假如比較心態讓這個「不斷閃爍的偌大警告牌」亮起，就該採取行動了。

如果想擺脫比較心理與隨之而來的情緒，我們需要付出一定程度的心力。面對那些「擁有比較多」的人，設法調整我們的態度和反應，就能擺脫束縛，走出自己的路，成為我們有潛力成為的那個優秀人物。

你可以透過三個簡單的簡短練習，停止拿自己和他人比較。

練習一：練習絕對的自我接納

不管再怎麼比較、苦惱、思考琢磨，我們的本質、外貌、成就以及當下擁有的一切，都不會改變。我們所擁有的就是現在這個我，至少在今天，這件事是成立的。

與其抗拒現況，不如緊緊把握當下的所有。接受自己，認同自己現在這個樣子非常完美。光是練習這種絕對的自我接納，就能令我們重獲自由、充滿能量。

練習二：在能力範圍內做出改變

美國神學家雷茵霍爾德・尼布爾（Reinhold Niebuhr）以撰寫《寧靜禱文》（*The Serenity Prayer*）聞名，這段禱文中寫道：

求上帝賜予我寧靜，
讓我接受自己無法改變的事物；
賜予我勇氣，改變我所能改變的事物；
賜予我智慧，讓我了解其中的差異。

擁抱尼布爾祈求的寧靜、勇氣與智慧，就能有效平息對現實的渴望與沮喪。

拿自己跟欣賞的人比較，能激勵我們變得更好，提升自己的表現，改善整體人生。但有時候，不管我們多努力嘗試，還是無法跟他人的成就匹敵。我們大概永遠沒辦法長得跟當名模的朋友一樣迷人，也沒辦法跟身為百萬富翁的表弟一樣有錢。

與其盲目尋求自己缺乏的特質或事物，不如透過內在智慧來協助自己做選擇。你能改變什麼？想改變什麼？重新把核心價值與人生優先事項列表拿出來參考，定義屬於自己的人生，而非試圖模仿那些擁有不同人生價值和優先事項的人。

或許你偶爾還是會渴望那些自己缺乏的事物，不過在那之前，你應該先將現有資源發揮到極致。專注於自己的優點與強項，繼續練習自我接納。

練習三：不斷表達感恩

比較會讓我們忽略自己已經擁有的事物。我們一心一意專注在他人擁有的事物上，擔心自己比不上人家，不去留意自己其實也擁有許多美好事物。

我們可以選擇將半杯水視為半空，也可以選擇將半杯水當成半滿，並對那半杯水抱持感恩。

早上一睜開眼，下床前，就將生命中的美好事物列成清單，專心感謝每一項祝福一到兩分鐘。睡前也要照做。

撰寫感恩日誌，能加強感恩的感覺。無論如何，都要用正向心態面對生活中發生的大小事，一一寫進日誌。花點時間仔細想想，如果人生失去了深愛的人、家庭和健康，會是什麼模樣？只要想像人生中沒有這些祝福會是什麼樣子，就能體會自己有多幸福。

人際關係策略2

擺脫過去的束縛

我們已在前面談過，拘泥於過去容易讓人心煩意亂。在回憶過去時，你會發現，許多思緒跟當前生活中的人際互動有關。

你會在腦中回放某段不愉快或令人受傷的談話，走不出一段破碎的關係或已逝的愛。或者，你正因為孩子成年離家、朋友疏遠、與手足漸行漸遠感到悲傷，對這些關係仍有留戀。

說不定，你曾面臨人際關係破裂帶來的巨大傷痛，那道傷口至今仍未癒合，持續干擾你的人生、妨礙思考，不斷在回憶中循環，甚至帶來永無止境的憤怒、羞愧、內疚、恐懼與哀傷。

人際關係是生命中不可或缺的要素。這也難怪，就算一段關係或際遇已結束幾週、幾月甚至是幾年，依然能持續對我們造成傷害。我們會不斷在腦中播放這種「心理電影」，開始逐漸認同這種思維與情感。可是，一直背負過去的記憶，只會對自己的精神與內心造成莫大負擔。

有時，我們為了解決心結，會在無意識的狀況下不斷回想當時的情景，但反覆沉思只會讓我們停在過去，無法充分享受當下。究竟該如何擺脫關於過往的思維，確實與那些早已不存在於生命中的人斷絕關係，以免被過去給困住？

《當下的力量》作者艾克哈特・托勒表示：「打個比方，我們能學著拍動翅膀，從不斷累積、永不退去的舊情緒中抽身。無論那件讓你介懷的事是昨天發生，還是三十年前發生，都不要讓心智停在從前。我們能夠學習如何不讓某個狀況或事件留在思緒中，將注意力持續集中在不受污染的當下，而非將回憶剪輯成電影，在心裡反覆播放。」

說來簡單，實際執行起來卻困難許多，對吧？

拋下痛苦的回憶，將過往思維從腦中排除，其實沒那麼容易。

儘管困難……但還是可行。

如果想掙脫束縛，享受當下人生中正面、慈愛的人際關係，這份努力絕對值得。

如果想跟家人朋友共度當下，就不能耽溺於過往的人際關係與創傷中。我們可以藉由以下幾種方式，清除負面經驗帶來的混亂思緒。

在能力範圍內解決問題

如果你跟某人之間仍存有芥蒂，或是傷害仍未消褪，那就採取行動化解問題。與其為過去的問題感到焦慮不安，不如主動與對方溝通，化解心結，即便你認為是對方「誤會」自己也一樣。跟曾經傷害自己的人聯絡並不容易，但是，沉浸在過往傷痛中的長遠折磨，絕對比跨出第一步的掙扎更令人痛苦。

憤怒或受傷的情緒，可能會讓雙方無法敞開心胸溝通。多學習如何進行正向談話，就能提升溝通的效用。

化解心結的一種方式是，你需要分享自己的感覺與傷痛，聆聽對方的看法，向對方道歉或要求對方道歉，最後討論這段關係未來如何進行下去。將內心話說出口，破除過往回憶的魔咒。

與過去曾有心結的某人進行有效對談，這個辦法雖然不是每次都行得通，但如果能把握機會，或許會是從回憶與痛苦中解放自我的最佳方式。

質疑自己的看法

不斷在腦中播放同一段畫面時，我們會慢慢被自己的觀點給說服，甚至難以從其他角度來看待過往的事件。

我們或許會認為，自己對這段關係的詮釋和記憶是正確的，但對方的看法可能與你截然不同。

用對方的立場來思考，試著質疑自己的詮釋。想想看以下問題，來挑戰自己的立場：

- 對方會如何看待你們之間的芥蒂？
- 你是否說了什麼或做了什麼，造成對方的誤會？
- 你的記憶是否可能有誤？
- 對方的觀點站得住腳嗎？
- 事情的真相是否有可能跟你的記憶有出入？

如果能以同理心來考量對方的處境，就能稍微消除心中對這段關係的痛苦與憤怒；質疑自己的記憶與觀點，就能以較正面的角度來觀察整起事件。

原諒對方

過往人生中的某人或許永遠不會道歉，但我們仍能主動原諒對方。我們不一定得當面告訴他們，可以單純在心中原諒對方就好。

巴著憤怒與痛苦不放，只會加深內心的折磨與紛亂不安。原諒對方，能夠將自己從痛苦中解放，以清明澄澈的心智狀態活在當下。

暢銷自我成長書籍作家偉恩・戴爾（Wayne Dyer）博士認為：「原諒他人，心靈才有成長的機會。曾受到傷害的經歷雖然令人痛苦，但這段經歷對現在的你而言，僅僅是一個停留在腦中的思緒。那些憎恨、憤怒與充滿敵意的思緒，就像令人感到衰弱、緩慢流動的能量一樣，假如繼續讓這些思緒停留在腦中，我們的力量就會被消耗殆盡。放下這些思緒，能活得更平和寧靜。」

原諒對方並不代表必須跟對方和解，而是卸下心中的仇恨與憤怒，不讓這些情緒繼續荼毒自己。原諒，談何容易？如果造成傷害的那方不願為自己的行為負責，要主動原諒就更困難了。不過換個角度想，對方的行為或許是在他能力範圍內最好的處理方式。當你發現自己正在鑽牛角尖，反覆思索對方造成的傷害時，請趕緊轉換思緒，將焦點從他們身上轉移到自己身上。意識到自身情緒的同時，不要責怪對方。試著問自己：「我從這段經驗學到什麼？如何透過這段經驗改善自己？」

戴爾博士曾說：「人生就像很多幕組成的戲，有些演員的戲份輕，有些演員的戲份較吃重；有些是敵人，有些是好人。可是這些人缺一不可，否則也不會出現在劇本中了。我們要接納這些角色，往下一幕前進。」

除了原諒對方，我們也需要原諒自己在某段關係中的言行舉止。誠實面對自己的行為，思考這些行為是否冒犯了他人，對他人造成傷害。我們或許有很多理由可以解釋自己的行為，也有正當的動機來合理化自己的舉止；但是，如果你的行為有任何一丁點錯誤，就必須坦然接受、原諒自己。

假如能夠轉換看待過往錯誤的心態，原諒自己就不會那麼困難了。與其拿過去在人際關係中犯的錯來懲罰自己，不如對這段經歷懷抱敬意，將自己的行為視為祝福。這些行為屬於當時的你的一部分，不妨從中汲取經驗和教訓。如今，知道自己想要什麼、該如何表現後，你終於能夠往前邁進，原諒自己。

人際關係策略3

用心經營伴侶關係

前兩項策略適用於各種型態的人際關係，但親密的戀愛關係值得我們特別關注。

如果我們將伴侶或愛人視為生命中的導師或教練，是教導我們某些道理的貴人，就有機會在情感與個人方面獲得極大的成長。藉由一段戀愛關係，我們能夠學到如何更活在當下、更具同理心。

諷刺的是，戀愛關係通常是人生中極大的挑戰，也是思緒紊亂不安的主因。在戀愛關係中練習專注、正念，能讓我們增進親密關係，同時減少生命中的壓力和焦慮。

根據正念專家兼醫學系榮譽退休教授喬恩．卡巴金（Jon Kabat-Zinn）的說法，正念是刻意將注意力投注在當下，而且不加以批判的行為。

當雙方激烈爭吵，我們一心想反擊伴侶的論調時，練習正念恐怕比登天還難。但是藉由正念練習，我們就能提升自我意識，專注在與伴侶共同經歷的事情和困難上，讓我們思考該與伴侶採取什麼行動，或是要如何回應彼此。

如果能忽略與配偶或伴侶的情緒化反應，我們就會感到更沉著、冷靜，能夠以愛的方式來解決問題。光是這個能力，就能免除長達數日甚至是多年的心理與情緒痛苦，避免情緒能量被消耗殆盡。

心理學家兼作家麗莎・費爾斯東（Lisa Firestone）博士在刊登於《今日心理學》（*Psychology Today*）的文章中指出：「正念不是要我們否認或壓抑情緒，而是讓我們跟感受和經驗培養出另一種關係，讓我們具有主導權。我們能將感受和思緒視為車站中疾駛而過的火車，但上車與否的決定權在我們手上。」

假如我們選擇不要上車，就能展開一段有意識的人際關係，讓關係中充滿療癒和親密，而非爭吵與分裂。藉由以下的簡單行動，就能在婚姻與戀愛關係中更專注當下。

做出承諾

當你察覺到正念能夠提升伴侶關係的品質後，請承諾自己會每天練習正念。

如果你數年來都處於一段缺乏經營的關係中，跟伴侶早已習慣不主動求變，那麼要訓練自己以不同的方式和伴侶互動，勢必需要一些時間。但是，如果真的積極想在關係中成長，消除人生中的壓力，你還是能有所改變。

這是人生中最重要的人際關係，對你的心理健康和世界觀有著深遠的影響。下定決心在這段關係中練習正念，就能讓生活各領域獲得改善。

在每天起床第一眼會看到的地方，貼張紙條，提醒自己跟伴侶互動時要專注在當下。剛開始練習時，可能需要在家中各處貼紙條提醒自己。

與伴侶溝通你的承諾

你決定以正念的方式和伴侶相處，不代表對方得做出相同的承諾。不過，如果對方願意，效果一定會更好。

跟伴侶找個不會被打擾的時間坐下來談，讓對方知道你的新計畫。你可以說：「我決定在我們的關係中要更專注在當下、提升同理心。這樣我們就能更親密，也能在不動怒、不讓對方受傷的狀況下解決問題、溝通差異。我已經決心要這樣做了，你想不想加入？」

另一半可能想知道具體要怎麼做，明確做法可以參考本章節的其他練習。

將情緒投入在當下

將情緒投入在當下，代表在與伴侶談話時，把全副精神放在理解對方。假如伴侶感到痛苦，你就要在情緒上接納對方的痛苦，同時也要展現同理心。

另外也要留意伴侶的肢體語言，給予回饋，透過眼神、輕柔的碰觸以及點頭，讓對方知道你正在專心聆聽。

除非伴侶請你提供意見，否則無需給予建議或「改善」的方法。其實，當我們試著替伴侶做「更多」的時候，就無法發揮與生俱來、將情緒投注在當下的能力。在當下展現理解，伴侶就不會感到孤單，因為他／她的情緒有人懂。

對伴侶的情緒產生共鳴，這段關係就會更親密，你們也會更信任對方、更有安全感。

聆聽時放下戒備

若與伴侶發生衝突或是情緒激昂的對話，最好專注在當下，在傾聽時卸下防備，不要一邊傾聽一邊準備辯解之詞。

留意自己的情緒反應，識別這些情緒，釐清自己為何會產生這些情緒，但不要因為情緒而衝動行事。將注意力放在伴侶的話語上，讓對方知道，他的感受與你的感受同等重要。

告訴伴侶自己在對話中接收到的內容

願意讓伴侶知道自己在談話過程中聽到了些什麼，代表你確實在主動傾聽。伴侶也會感受到你努力想理解他／她所說的話，顯示你對這段關係的重視。

這並不代表你要一字不漏重述伴侶的話，而是要確認你聽到的跟伴侶想表達的是否有出入。如此一來，雙方才有機會溝通、澄清，繼續討論如何解決問題，增進對彼此的理解。

這個正念技巧在發生衝突、誤解、有人感到受傷時，非常有用。

真誠溝通

相較於消極抵抗的言詞、翻白眼、冷戰或生悶氣等幼稚的回應方法，和伴侶專注在當下是相對成熟的人際關係技巧。崩潰哭鬧、生氣發飆，永遠無法讓雙方進行開放、真誠的溝通。

跟伴侶出現衝突或摩擦時，與其批評或詆毀，不如立刻練習正念。專注在自己的情緒上，等到心平氣和、卸下防備之後，再展開對談。

探討問題時，不要責怪或批評。將自己對問題的理解說出來，描述你對這個問題的感受，以及希望伴侶如何修補關係。聆聽伴侶的回應和觀點時，不要抱著防備心態。

從衝突中學習

我們在前面提過，如果能提升專注力，就會發現戀愛關係像是自我成長的實驗室。雖然衝突令人感到不自在、不愉快，可是其中也蘊含許多學習機會。發生衝突後，與其沉浸在憤怒的情緒中，不如自問下列問題：

- 我會不會也有錯？
- 伴侶的看法是否有幾分正確？
- 跟伴侶在一起時，我是理想中的自己嗎？
- 我從這場衝突中學到什麼？
- 勾起我這些反應的深層原因為何？
- 受傷的情緒如何阻礙我成長？
- 針對這次衝突，我想做出什麼改變？

你的答案具有療癒以及提昇自覺的效果，更能讓你擺脫心中的批判，不再感到煩躁憤怒。

在不受干擾的情況下與伴侶度過珍貴時光

如果想維持親密關係的品質，最難能可貴的行動就是好好花時間與伴侶相處。相處時，兩人應該要徹底放鬆，全心投入，排除工作、小孩或衝突的干擾。

假如雙方都很繁忙，要處理、應付許多事情，就很難找出時間與伴侶相處。萬一你的生活就是如此，你最好還是要盡量撥空約會，或是每天找出三十分鐘，在不受打擾的情況下跟伴侶說話、改善彼此的關係。

當你在情感上與伴侶越親密，就比較不容易產生衝突，也避免讓彼此受折磨。只要在關係中付出努力，就是對內在平靜與心智清明的最佳投資。

人際關係策略4

讓某些人離開

整理人際關係，也代表該讓某些令你痛苦的人離開。有時候，唯一能採取的行動，就是跟那些逐漸損害你心理與情緒健康的人說再見。

即便這段人際關係耗盡你的精力，讓你停滯不前，無法看清自己真實的樣貌，甚至侵犯、傷害到你，斬斷人際關係說不定依然令你感到痛苦。

我們在友情、婚姻、事業夥伴和家人身上投入很多。

最容易讓我們感到痛苦與折磨的，通常是那些親密的人際關係，例如已有多年交情的朋友。

當這些人際關係發展到某個階段，你發現關係中的困難和痛苦，已遠大於這段關係帶來的正面影響。這時說再見對情緒造成的餘波，跟繼續待在關係中的悲慘相比，其實算不了什麼。

以史蒂夫為例，他這輩子做過數一數二艱難的事，就是跟前女友斷絕聯絡。經過整整一年令人沮喪的感情關係，他認為自己無法繼續讓她留在生活當中，就算是當朋友也辦不到。他們的相處模式對彼此而言都是傷害，假如繼續在一起，人生就再也找不到快樂了。

所以他決定「強迫」彼此分開。他到歐洲旅遊八個月，完全不帶手機。雖然實行起來很困難，但史蒂夫知道，要讓他們兩人分開，唯一的辦法就是像徹底戒斷毒品那樣，斷絕任何對話聯絡的可能。

你用不著為了逃避負面的人際關係而出國，但你可以考慮主動將某些人從生命中排除，並且確保自己會徹底執行。

要做出最後的抉擇確實不容易。不管在哪種人際關係中，只要出現以下幾種放諸四海皆準的衝突狀況，就代表是時候說再見了：

- 言語、情緒或肢體侵犯。
- 慣性欺騙、不忠或不誠實。
- 核心價值分歧，或對方的誠信值得懷疑。
- 對方對你的生活有惡性、負面影響，或兩人很難合得來。
- 經常做出不負責任的行為，對生活造成不良影響。
- 始終表現不成熟，或有情緒勒索等情況。
- 未解決或未接受治療的精神健康問題。
- 成癮（藥物、酒精、性愛、賭博、色情影片）。
- 拒絕溝通、解決問題，不願投入精神與心力到關係中。

就算這些嚴重的情況都沒發生，有時候，一段關係也會自然而然走到終點。你或許怎麼樣也想不透，為何有些人帶來的傷害總是比快樂還多？經過一段時間的相處，你再也不想面對那人在你生命中造成的情緒混亂。

如果讓你這麼痛苦的人正好是你的伴侶、父母、家人或成年子女，你勢必無法在不造成嚴重後果的情況下，拋開這段關係。只要能夠設立強大的界線，並且跟相關人士溝通這條界線，就能以更理想的方式應對這段關係，保護自身的心理健康。

當然，要管理或斬斷某段人際關係，絕不是三兩下就能解決的小事。跟曾經對你來說舉足輕重的某人道別，說不定要花上幾個月甚至是幾年的時間，過程也會令人心痛。

然而，要是我們沒有教導讀者如何斬斷人際關係，未免不夠周延，畢竟這也是減少思緒混亂的一種方法。

以下提供一些想法，讓大家參考如何脫離令人疲勞痛苦的人際關係。

想想看，如果生命中沒有這個人，生活會變得多正向？

擺脫一段人際關係或許會讓你覺得自己輕言放棄，或是為人不夠良善。從這個人身邊離開，或許會替你帶來些許罪惡感。但是，如果這段關係持續讓你感到不愉快，代表你也不夠尊重自己。

如果難以決定是否該結束（或控制）一段人際關係，那就想想，如果人生中沒有這個人會是什麼樣子。你會感到鬆一口氣、重獲自由嗎？是不是會比較不焦慮，或壓力沒這麼大呢？

靜下來問自己，如果不需要跟這個人互動，少了隨之而來的困擾和煩憂，人生能夠有多大的改善？判斷時，你可能會被內疚或對這段關係的責任感所影響，但請試著誠實地權衡放手帶來的正面改變。

考量斬斷關係的後續影響

結束一段關係或多或少會有後續效應。你的決定很有可能會影響身邊親友，使他們不得不表達立場或選邊站，他們甚至有可能不站在你這邊，有些人也說不定會因此跟你斷絕來往。

你想斷絕關係的對象有可能會傷害你，在你背後說閒話，或是以某種方式反擊。他們的反應可能比你想像中更戲劇化、更具破壞性，讓情況在好轉前先跌到谷底。你或許會覺得，失去一段關係的痛苦比想像中還大，令你事後自責不已。

真正結束一段關係前，請將所有可能出現的反彈預想一遍。這些情況會對你造成什麼影響？你有辦法好好應付這些後續效應嗎？結束關係的破壞力，會比維持一段令人疲累的關係來得大嗎？

定義何謂「說再見」

放下一段關係，可能代表你跟對方永遠不會再有互動或對談。不過，這種情況不一定適用於所有的關係，也不一定可行。「說再見」也可以代表擺脫跟對方的舊有互動模式，用全新、自我保護的方式跟對方相處。

你跟家族成員、成年子女、前妻、前夫的關係不可能完全斷乾淨。不過，你可以限制自己跟這些人往來的時間，掌控跟他們溝通的方式，藉此保護你的精神與情緒健康。

找出自己對「說再見」的定義。你願意花多少時間跟這個人相處？你希望如何跟他們溝通？溝通的頻率高低？在你們的關係中，你再也不願忍受什麼事？主動思考、做出決定，就能讓你覺得自己更具主控權，並且冷靜思考該如何繼續發展。

將你的想法告知對方，切勿責備

在不告知或解釋的情況下，直接跟朋友或家人斷絕往來，或許是最簡單的方式，卻一點也不和善。沒錯，或許這個人搞得你精疲力竭，每次想到他就高興不起來，但對方還是需要一個解釋或通知。

你想要跟對方說再見或減少互動，不代表就得你來我往吵得沒完沒了。此外，你也不需要責備或詆毀對方。如果今天被斷絕往來的人是你，你會希望聽到對方怎麼說？從這個立場出發，用誠懇直白的方式告知對方。

進行這類溝通時，最好能面對面，不過你才是最了解對方的人，如果預期場面會很戲劇化，對方會情緒爆發，最好還是以信件或電話代替。不管如何，盡量長話短說，把重點擺在你的感受而非對方的過錯。

你可以說：「我們觀念不合，這讓我喘不過氣，我需要離開這段關係。我不想一句話都不說就消失，雖然我很在乎你，但我得跟你說再見了。」

預想如果對方出現負面反應，該如何應對

在結束一段關係時，無論你的態度多和善，對方（或許也包括其他跟你們相

關的人）的反應還是可能會非常負面。當一個人感到受傷或憤怒時，很難料想會做何反應。

試著預先準備好該如何應付這種場面。在告知對方你想從關係中撤退時，以及結束這段艱難的溝通之後，都可以找人陪伴，尋求支持。

另一個辦法是，跟認識對方的親戚朋友討論你想結束這段關係。向他們解釋你為何想擺脫這段關係，但盡可能不要說對方的不是。

根據這段關係的強度和長度，你或許會需要諮商師的協助，讓你安然度過那段失落、痛苦的時期。

認清結束一段關係可能需要一點時間

以某些人際關係來看，從關係中撤出可能是一段緩慢的過程。另一種狀況則是在關係結束時，雙方還花了一段時間溝通、和解，導致擺脫這段關係的時間拉得更長。

有時候，罪惡感、困惑或寂寞會讓你質疑自己的決定是否正確。有時候，你可能會再度回到關係中，終究發現這真的不適合自己，才加強了說再見的決心。

體認到要跟曾經關係緊密的人說再見，絕不是一件輕鬆簡單的事。如果慢慢來對你來說比較好，就不要勉強自己在短時間內斬斷關係。

允許自己悲傷

你必須斬斷的這段關係可能曾經非常親密，或許你始終期盼，彼此總有一天越來越契合，因此跟對方道別令你痛苦不已。沒錯，不用再應付關係中的摩擦和齟齬確實令人鬆一口氣，你也能重拾更多情緒能量，每天承受的挫折與沮喪感越來越少。不過，悲傷的情緒隨時會在不經意中朝我們席捲而來。結束任何一段關係，都可能會帶來巨大的悲傷，需要慢慢用時間來消化。

千萬不要逃避悲傷的情緒，也不要因為悲傷而質疑自己的決定。倘若能將悲傷視為脫離一段人際關係的必然過程，就能更快度過低潮，重拾在關係中被消磨殆盡的內在平和與喜樂。

如你所見，跟生命中的某些人道別確實不易，但能將時間投注到自己真正在乎的人身上，會對人生更有益。

在下一部分，我們將探討第四個需要好好整頓的人生領域，藉此削減壓力、焦慮和壓迫感。

那就開始吧……

| 第四部 |

整理周遭環境

整理周遭環境的益處

如果大家都把精力放在生命中真正重要的事情上，釣魚竿可能會賣到缺貨。

——道格・拉森（Doug Larson）

生活品質的好壞，取決於你每天決定將精神和時間投注在哪些事情上。雖然這個道理直白易懂，很多人還是無法清楚掌握自己每一天、每一刻都在做些什麼事。

其實，我們分配時間的方式，大多是受到他人或偶然、無聊等因素所影響。我們只是對眼下發生的事情做出反應，而不是主動決定該怎麼創造人生。

在前面章節中，我們談到如何找出核心價值、人生優先事項、目標跟生命熱忱。我們能透過這些方針，來決定每天該做哪些事，不過我們通常沒辦法天天照著這些大方向過生活，因為時間總被不需動腦的瑣碎小事瓜分，令人感到煩躁、空虛、思緒紊亂。

我們過度依戀周遭環境、物品以及例行公事。每逢心血來潮，我們就會購入新的物品，逐年累月後，住家就成了囤貨的倉庫；我們對新科技著迷不已，每天花好幾個小時瀏覽社群網站，拍完自拍照後轉發分享，記錄生活中的瑣碎點滴。

若想將整理心智的益處發揮到最大值，就得好好面對那些比較枯燥單調、令人精神疲累的生活瑣事。這些不用動腦筋的事情就像水壩中的小孔洞，讓你的精力和喜樂慢慢流瀉一空。只要做一些改變，就能將這些孔洞堵起來，重新恢復活力。

在這個部分，我們要介紹最後一個步驟，也就是立刻整理周遭環境，給予心智更多達成重要目標的餘裕，將時間花在重要的人事物上。

簡化住家

不要在家裡放你覺得沒有用或不美觀的物品。

——威廉・莫里斯（William Morris）

住家應該是避風港，是個讓你感到平和、快樂、沉靜的所在。但是，在家中雜亂無章的情況下，你還有辦法保持這些正面感受嗎？

普林斯頓大學神經科學研究所研究人員在《神經科學期刊》（*The Journal of Neuroscience*）上發表研究結果，這份研究的主題跟整齊、井然有序的生活環境相關，名稱是〈人類視覺皮層「由整體至細節」與「由細節至整體」機制之互動〉（"Interactions of Top-Down and Bottom-Up Mechanisms in Human Visual Cortex"），研究當中指出：

同時出現在視野中的多項刺激，為了爭取神經表徵，會互相壓制彼此在視覺皮質喚起的行動，讓視覺系統處理能力受限。

換言之，周遭環境混亂時，視覺接收到的混亂會讓我們無法專注，更會限縮大腦處理訊息的能力。相較於身處整齊、井然有序、祥和的環境中，雜亂的空間會讓我們無法專心處理資訊。

想像自己身處一個家具擺設簡單的空間裡，物品排列整齊，房內也沒有不必要的裝飾。這個空間整潔、有條不紊，毫無多餘、無用的器物。

想像自己就坐在房間裡，體會內心的感受。

接下來，想像有間堆滿家具的房子，桌上鋪滿雜誌跟書籍，每個平面上都擺滿各式器物。

坐在這樣子的房間裡，會有什麼感受？

雜亂無章會干擾注意力，令人備感壓力、無法集中精神或是心緒不寧。大腦努力處理所有視覺刺激，讓你無法專注享受當下。

你或許已經跟家中的許多物品產生情感。但是，我們希望你能換個思維模式來看待雜亂的物質狀態，想想這對心理健康會造成何種影響。或許你得重複清理好幾次，才能停止在清掉無用的物品時感到不安。不過，只要開始動手整理，就能感受到簡潔生活空間對精神狀態帶來的驚人正面影響。

只要每天撥出一些時間來清理居家環境，不需要耗費大把時間就能讓住家保持井然有序，也不至於對「清理」這件事產生壓力。每天花十分鐘來對付雜亂無章的房間，不出幾週，家中就會變得乾淨整齊。

以下十個步驟，能夠幫助你著手開始整理：

1. 設置暫時堆放區

你需要一個空間，暫時堆放想收在其他空間或送出去的物品。不妨在屋內或房間裡清出一個空間，擺放這些物品，有時間再來處理並分類。也可以在每個房間內都清出一個這樣的空間，不需要將所有的物品集中在同一處；但是，如果你不介意屋內有個角落堆滿物品，將所有東西集中起來也無妨。

2. 替暫時堆放區準備紙箱

如果要將暫時堆放區的物品捐出、送出或是收進倉庫，你會需要各種尺寸的箱子。可以先用平價的紙箱來裝暫時堆放區的物品，之後要將物品收到倉庫時，再選購較耐用的箱子。

3. 準備好計時器、筆記本跟筆

每天只整理十分鐘，所以請準備好計時器，提醒自己何時該收尾。你一定會很訝異，自己竟然能在十分鐘內做這麼多事。另外，整理環境時，身邊也請準備筆記本和筆。

整理過程中，如果想到該採買哪些收納家具，或者有哪些物品該放到儲藏室、該捐出或轉賣，就能隨時記在筆記本裡。

4. 規畫整理時間

每天安排十分鐘整理住家環境，對你來說可能是個難以持之以恆的新習慣。培養新習慣需要特定技巧，才能讓你不至於懈怠。選定每天整理住家環境的時間，盡量將這段時間安排在每日例行公事之後，例如早上喝完咖啡或是刷完牙以後。有了前一項習慣的引導，你就能順勢整理住家環境。整理完十分鐘，再給自己一點獎勵，鼓勵自己持之以恆。

5. 從最常使用的空間整理起

如果不知道該從哪間房間下手，可以先從最常使用的房間開始整理。對很多人而言，每天可能會花很多時間在廚房、臥房或客廳。當你整理完自己最常使用的房間，會感到非常滿足，讓你的情緒能量更豐沛、內在更平和。

6. 決定整理手法

為了讓這十分鐘發揮最大效益，你可以考慮整理時由上至下、由左至右。舉例來說，整理廚房時，可以先從最上層的櫥櫃整理起，並且從架子的左邊整理至右邊。

先將架子左側的物品全都取下，快速挑出你想要保留的東西。將左側擦乾淨之後，把想保留的物品擺回去，剩餘物品裝進尺寸適中的箱子，等待捐出、送出或存放在別處。整理抽屜時也是一樣的順序：將所有物品全部取出，挑出非得留下的東西，然後擦乾淨抽屜，把想保留的東西擺回去，剩下的物品裝箱處理。

7. 切勿猶豫不決

很多人會難以動手整理住家的其中一個原因是，他們無法決定是否該將某樣東西丟掉。猶豫不決的原因有千百種，可是你必須調整這種心態，才能一步步將環境整理得更井然有序。

這也是為什麼我們會建議，只將絕對該留下來的物品放回抽屜或架子上，把確定不想要或不需要的物品處理掉；至於那些不確定到底會不會用到，或是鮮少使用的物品，可以先放到收納箱，稍後再處理。在箱子貼上標籤封好，放進儲藏室。

8. 迅速作業

現在，你是否也發現，在整理東西時有多容易分心了？每當你拿起一件物品，你就會看著它，腦中不自禁盤算該拿這個東西怎麼辦。所以，把每天整理的時間限制在十分鐘，就會讓你有一種迫切感。

這樣一來，你就必須在短時間內完成任務，所以只能將自己確定需要的物品放回原位，其他讓你猶豫的東西可以稍後處理。或許經過一段時間，你會發現它們根本沒有用。

9. 告知家人

務必告知跟你同住的家人或朋友，讓他們知道你準備要整理住家環境。此外，你還能請他們幫忙，以便提前完成這個住家整理計畫。就算他們無法協助，至少也不能在你一邊收拾的時候，一邊製造混亂。如果家裡有小孩，最好讓他們參與每日十分鐘整理計畫。要挑戰在短時間內完成任務，小孩子肯定會很興奮投入的。

10. 享受其中

就算只是小進展，也能帶給你極大的滿足和成就感。只要每天花一點時間完成小任務，就能讓居家空間更簡約、整齊、有秩序。不要只把每天的小任務當作達成終點的必要手段，而是認真享受這十分鐘的整理過程。或許可以放點音樂，讓心情更愉悅。整理完也可以好好犒賞自己，喝杯茶、讀幾分鐘的書，到外頭散個步。

《怦然心動的人生整理魔法》作者近藤麻理惠指出：「我們所身處的生活空

間，應該是給我們想成為的那個人安住，而非讓過去的自己停留。」

無論是在精神方面抑或物質生活方面，假如你對過去非常眷戀，只會讓自己更痛苦。放手吧。拋下那些讓你止步不前的物品。將精神跟生活投入當下，就能掙脫束縛，邁步向前。

簡化數位生活

在這個科技發達、運用數位溝通的時代，我們確實享有許多好處。除了生活變得更輕鬆快速之外，我們還更具生產力，只是也越來越離不開數位裝置。

我們對科技著迷，科技也對生活的各個面向構成影響。數位裝置的目的本來是讓生活變得更單純，可是我們反倒成了它的奴隸。我們希望快速取得即時資訊，沉迷於低品質的娛樂，放棄真實世界中的互動與體驗。

我們花好幾個小時使用社群媒體，電子信箱被塞爆，電腦桌面雜亂無章。筆電被檔案、照片和從網路上下載的資料給塞滿，但這些資料我們一輩子也消化不完。

數位「物品」在不知不覺中，讓我們將時間耗費在無關緊要的活動上。海量的數位資訊就跟雜亂的生活空間一樣，讓人感到焦慮、不安及煩躁。

在《十分鐘數位大掃除》一書中，我們就曾提醒讀者：

假如把每天花在各項數位裝置的時間加總起來，我們跟虛擬世界的關係，甚至可能比跟配偶、小孩或朋友還要緊密。即使我們知道這種生活已經失衡，但一有空還是忍不住翻開筆電或盯著手機看，就算沒時間還是要用。這真的是我們想要的生活嗎？

以下是幾項我們建議採取的行動，協助你整理內心的雜亂狀態。

你花多少時間使用數位裝置？

實際觀察自己花多少時間使用數位裝置。無論是在私人生活或工作領域，我們不免都有需要上網的時候，但有時候，我們花了好幾個小時，只是漫無目的瀏覽網頁、社群媒體或玩遊戲。

花幾分鐘計算一下，自己一整天究竟要花多少時間，在毫無必要的情況下使用數位裝置。如果能把自己實際做了哪些事記錄下來更好，你一定會很訝異，自己竟然花這麼多時間在虛擬世界中。

所有數位資訊都令人煩躁不安，甚至可能導致上癮、耗盡心神，使人無暇從事有意義、振奮身心的活動。

究竟該如何減少使用數位裝置的時間？該從哪些地方下手？

一開始，每天撥出神聖的一小時，在這段時間內，不許使用任何數位裝置。將電腦關機，手機放進抽屜。除了使用數位裝置外，你還能從事哪些活動呢？

我們建議……

- 讀書
- 好好散個步

- 運動
- 和朋友聊天
- 與伴侶、孩子共度寶貴時光
- 從事創意活動，例如寫作或畫畫
- 學習新技巧
- 冥想
- 聽音樂
- 騎腳踏車
- 完成一項計畫

從事真實、當下、正向積極的活動，避免沉浸在數位世界中，讓自己的心智消耗殆盡，也可免除過度使用科技產品後隨之而來的罪惡感和焦慮感。

你的數位裝置有多雜亂無章？

科技產品中的雜亂狀況，不會像紊亂的居家環境那樣具體可見，因此會在不知不覺中越演越烈。在你意識到之前，電腦桌面就已堆滿各種圖示，電子信箱滿了出來，資料夾和檔案夾雜亂無章，要找份檔案，搞不好還得請搜救隊來協助。

如果你的生活型態與我們類似，就知道電腦中的資料有多重要，甚至攸關性命。這樣說或許聽起來有點誇張，但如果你將所有重要個人資料和工作文件都存在電腦中，肯定能體會電腦這個設備有多不可或缺。

有個叫「囤積者」（Hoarders）的實境秀，會帶大家觀賞囤積癖患者的住家環境。其實，只要一不留神，電腦也很容易變成數位的囤積空間。每次要找某個檔案或某封電郵，總會浪費不少時間，讓人感到挫折焦慮。

我們將智慧型手機放在口袋或皮包裡，儼然是一台迷你版的電腦。手機裡塞了一大堆「東西」，像是應用程式、照片、即時新聞與遊戲，令人身心俱疲。

如果數位裝置儲存空間已在爆滿邊緣，無論你是否意識到這個問題，都會感覺到資料超載的壓迫感。要是能每天花十分鐘整理雜亂的資料夾，你就會感到越來越輕鬆自在。

我們建議你先從最能感受到改善幅度的項目著手。如果你每天因為找不到需要的檔案而沮喪，就從這裡下手；如果看到收件匣裡有幾千封信會令你心悸，那就先從這裡開始整理。關鍵就在於實際行動。

你對數位生活抱持何種態度與思維？

你一定明白數位裝置（無論是裝置本身，還是其中的資料）會對精神造成壓力，令人焦躁不安。雖然不願承認，但數位世界已經無所不在。

這種現象並不會逐漸消減退散，反而會持續存在，甚至越來越普及。該如何應付這種入侵日常生活、對精神健康構成影響的數位世界，其實完全操之在己。

讓自己對數位生活的態度更堅定，主動做出選擇，這個大原則非常重要。建立一套數位「核心價值」，就能設下為自己量身打造的界線，控管使用科技產品的時間，解除心理上和數位上的雜亂狀態。

以下問題，能夠幫助你釐清該如何拿捏與數位生活的界線：

- 你每天必須花多少時間在數位裝置上，處理工作相關事務？
- 工作需要用到電腦的時間，是否比你預設的理想時間還長？
- 在職場上，如何更常以面對面的方式與人互動？
- 你想花多少時間用家裡的電腦處理工作事務？
- 你想花多少時間在社群媒體上，當作娛樂消遣？
- 你想花多少時間在智慧型手機上，當作娛樂消遣？
- 在何種情況下，打電話或當面開會比傳訊息更合適？
- 你忽略了哪些真實世界中的友誼？該如何培養這些人際關係？

- 跟親朋好友討論，大家對於在彼此面前使用手機、平板電腦或筆電有何看法，並達成共識。
- 你認為哪些家族傳統或活動（例如共進晚餐）的地位無可取代、極為親密，不容許有人使用數位裝置？
- 對於小孩使用數位裝置，是否要加以限制或規範？
- 在使用數位裝置的相關規定上，你該如何以身作則給孩子看？
- 在休息時，五種運用數位裝置的最佳方式是什麼？
- 如果你其實並不是真心想上網或使用社群媒體，如何克服點開手機的衝動？
- 你該如何堅守原則，整理雜亂的數位生活，讓情況永遠在掌控之中？

根據你對每個問題的回答，寫下你期望如何分配運用在數位裝置上的時間與精神，寫下自己對於謹守界線的承諾。或許你偶爾會故態復萌，但至少現在已經找出了可以遵守的核心價值與界線。

簡化活動

不要低估『無所事事』的價值，就算是隨興漫步、聆聽耳朵聽不到的聲響、什麼事都不要煩惱，這樣也很有意義。

——維尼小熊

當別人問你：「過得怎麼樣？」你是否經常常回覆：「我好忙，人生有好多事要做。」上一次有人問你同樣的問題，而你說：「人生很棒啊，我現在很放鬆，什麼事都不做。」又是多久之前的事了呢？

大家都忙得停不下腳步，趕著做東做西。

但這麼忙究竟是為什麼？

我們何必將待辦事項清單塞滿，以為趕緊把事情做完，就可以享受其實未曾出現的閒暇時間呢？

假如我們沒有隨時從事「具有生產力」的活動，替自己創造更多收入或壯大自尊心，就會感到內疚無比。就算人類不斷開發各種節省時間的科技、小工具和設備，但是連續一段時間什麼事都不做，仍然會令人感到挫折。我們省下來的那些時間，最後還是拿去應付因為「覺得自己做不夠多」而產生的焦躁感。

《經濟學人》（*The Economist*）於二〇一四年刊出的一篇文章提到：「伊利諾大學社會心理學家哈利・泰安迪斯（Harry Triandis）認為，個人主義文化對成就的重視勝過團隊合作，讓大家養成了『時間就是金錢』的心態。有了這種心態，我們就會覺得每分每秒都絕對不能浪費。」

你會不會覺得自己像轉個不停的陀螺，盲目地完成待辦清單上的事項，好讓自己感到生產力十足、生活很有價值？

有時候，我們將每日行程看得比生活更重要，反而不去思考自己運用時間的方式是否讓心靈更煩亂、帶來更大的壓力、消耗體力和精神。

我們無法擺脫各種任務和義務的束縛，幾乎不留時間讓自己全神貫注活在當下。

杜克大學伊斯蘭研究中心主任奧麥德・薩非（Omid Safi）與克麗絲塔・蒂皮特（Krista Tippet）發起了「存在」（On Being）計畫，並為此寫了一篇文章，他提到：

> 我們以前會跟自己深愛、重視的人坐在一起，不疾不徐地分享彼此的心靈與精神狀態，任由話題自在開展，就算中間有片刻的沉默，我們也能藉機反思回味，不會急著用話語填補空白。為何這個世界現在已不是如此呢？
>
> 如今，我們有越來越多事必須完成，休息放鬆的時間一點一滴被剝奪，連沉思、與人相處、甚至只是活在當下的機會也越來越少。為什麼會這樣？

要逃出繁忙的泥淖實屬不易。我們已經被洗腦了，認定「遊手好閒是萬惡之始」，根本不覺得認真工作、維持高生產力以及活躍的生活是件壞事，還以為能帶給自己更快樂、令人滿足的生活。但是，當生活的繁忙超過一個限度，反而會帶來負面影響，讓我們感到空虛、備受壓迫。

刪減不必要的活動，或許一開始會令人不自在，甚至讓我們覺得對人生造成危害。我們禁不住自我懷疑：如果我將每日行程減少，別人會怎麼想？我的收入會降低嗎？大家會覺得我很懶惰嗎？小孩的學習狀況會不會落後？我的人生會支離破碎嗎？

減少每日行程的第一步，就是先將「減少」的行為本身視為值得追求的目標。我們要體認到，忙碌的生活只會讓內心更紊亂，並接受「少即是多」的概念。

透過以下八大策略就可以簡化每日行程，讓你有時間享受生命中真正重要的事物。

策略一：安排每日行程的優先順序

與其硬是將重要待辦事項塞進原本就已經緊繃繁忙的日程表中，倒不如特別為重要任務安排時間。舉例來說，如果花時間陪伴侶跟小孩對你來說非常重要，每天就要規畫一個時段陪陪他們。如果沒有充分理由以及事先規畫，切勿讓執行優先事項的時間受到擠壓。

在「真正重要」的任務占用優先事項的時間之前，深呼吸仔細想想，這個「重要任務」真的有比人生優先事項更迫切嗎？

策略二：精簡自己背負的責任

寫下你下週在私人生活與職場上必須完成的所有義務與責任（如果你已經大

致掌握未來一整個月的狀況，也可以將範圍擴大至下個月）。重新評估這串清單，看看有哪些義務或責任就算不處理，也不會造成嚴重後果。接著再評估一次，看看有哪些事情可以委託他人處理、延後或是縮短處理的所需時間。

如果你將某件事留在清單上的原因，單純是覺得自己有義務處理，或是刪掉這件事會令你感到不自在、甚至有罪惡感，可以試著把它從清單中撤除，看看究竟會造成什麼後果。搞不好你會覺得重獲自由，預想的負面後果也沒發生。

策略三：每天專注在三件重要任務上

與其在一天內完成數件任務，倒不如將待辦事項精簡至三項。允許自己少做一點，但必須投入更多時間與精神，做得更專注。

如果你已經完成三件當日任務，當然可以接著處理其他事項。不過，每天只設定三個目標，能提升你對生活的掌握度，讓內在更平靜，在不感到急迫和壓力的情況下獲得成就感。

策略四：安排神聖時段

每天給自己一段時間，什麼事都不做。坐在椅子上，雙眼望向窗外，或走出屋外聽聽鳥叫。你不用冥想、深呼吸、構思計畫、沉思反省或「做」任何事，僅僅活在當下即可。

每次試個五分鐘，每天多試幾次。久而久之，就算每天這樣「活在當下」超過一個小時，你也不會感到不自在或不習慣。

策略五：重新檢視小孩的行程

現代父母不像上一代的父母那樣，願意讓小孩隨興享受閒暇時刻。如今，每個小孩都有許多課外活動得參加，父母甚至會預先幫兒女安排玩樂時間。此外，現代學童的課業更加繁重，虛擬世界的誘惑也越來越強烈，孩子根本沒辦法以具有創造力的方式來玩耍、跟家人相處，或是自由發揮想像力。

孩子需要充分的自由時間，心智與情緒健康才能得到適切的發展，對幼兒來說更是如此。小孩也跟大人一樣，在備感壓力時，會受到焦慮、憂鬱或其他問題所苦。

桃樂絲・斯拉斯（Dorothy Sluss）在詹姆斯麥迪遜大學擔任小學及幼兒教育學系助理教授，同時也是國際遊戲協會（International Play Association）美國分會會長。她指出，如果小孩參加了一整週的住宿營，或是當週行程滿檔，接下來三週就不能安排太多活動，要給予充分的自由時間。

替孩子安排過多行程，對父母來說也是負擔。每天花好幾個小時開車送小孩東跑西跑，肯定很累人；要替每個孩子安排不同活動，對父母的精神能量也會造成負面影響。如果我們期待孩子在樂樂安全棒球賽中勝出，或是順利成為巡迴啦啦隊的一員，通常只會令人感到焦慮，讓心緒更為紊亂。

要下定決心刪減孩子的課外活動並不容易，尤其是現在的社會風氣很鼓勵大家從小跟別人競爭。但是，如果能在豐富的課餘活動跟完全放鬆休息之間取得平衡，對孩子跟爸媽來說都會有所助益。

策略六：準時下班

最近一篇刊登在《洛杉磯時報》（*Los Angeles Times*）中的文章提到：「美國人投注在工作上的時間超越其他幾乎所有工業化國家，僅次於韓國人。我們的假期遠比歐洲人短，在過去幾年內，美國人的工作量翻倍成長，收入卻未增加。」

文章還接著說：「許多研究指出，無論是自願或被迫，花太多時間在工作上只會降低效率。超時工作的人幾乎都有精疲力盡、創意枯竭的狀況。」

如果你投入在工作上的時間遠超過工作需要，或是為了工作而犧牲其他人生優先事項，你可能會想要重新評估該花多少時間工作。如果你是企業家，或是像貝瑞跟史蒂夫一樣在家工作，這點對你來說就更重要了。

就算你熱愛工作，倘若沒有好好休息、經營人際關係、從事其他休閒活動，過大的壓力還是會對情緒健康造成傷害。

如果你經常超時工作，不妨試著逐步減少工作時間，先從每週一天做起。強迫自己準時下班，如果你家就是你的工作地點，那麼就準時在下午五點關機，答應自己，整個晚上都不碰電腦。

策略七：從數位生活中放假

前面的章節提過，過度使用數位裝置會導致心理煩躁不安。就算我們當下沒有使用智慧型手機或電腦，這些科技用品也在旁邊不斷呼喚，要我們檢查工作進度、看看臉書上有什麼新消息、誘惑我們玩一下新推出的遊戲。

我們的上一代同樣會在生活中碰到許多令人分心的事物，但是他們不會總是手機不離身。現在走在路上，拿著手機講電話或傳訊息已經沒什麼稀奇，不用手機反而是例外。

雖然這個建議可能會讓你心生焦慮，但要是想讓心智更清明透澈，最好的辦法就是時常從數位生活中「休假」，暫停使用手機、平板、電腦或任何能夠上網的裝置。

可以先從一天或一整個週末開始，或是考慮在休假時斷絕與數位裝置的接觸，讓自己完全放鬆，花時間與周遭的人相處，從事真實世界中的活動。如果你覺得這個辦法真的讓你更輕鬆，就能定期在生活中安排「數位假期」了。

策略八：掌握心流與專注的力量

米哈里・契克森米哈賴（Mihaly Csikszentmihalyi）這位匈牙利心理學家，是研究快樂、創造力、自我實現和「心流」等概念的先驅。他所提出的「心流」這個概念，指的是一種極為專注、聚精會神，沉浸於藝術、玩樂或工作中的狀態。他也著有暢銷書《心流》（*Flow: The Psychology of Optimal Experience*）。

契克森米哈賴對「心流」一詞所下的定義是：將精神與專注力完全投入在某項活動中，這時，其他事情彷彿都變得不重要了。這種體驗令人樂在其中，即使代價高昂，也有人會為了得到這種體驗而投入其中。

在「心流」的狀態下，當事人會完全沉浸在一個活動中，尤其是需要創造力的活動。從事活動的期間，他會感到「擁有無窮力量、敏銳、渾然忘我、具有輕鬆掌控一切的本領，而且將自身能力發揮到最大值」。換言之，這是一個能讓人全神貫注、不受干擾的狀態。

跟家人朋友相處、徹底放鬆，都是對抗心智紊亂的好方法；不過，假如能進入心流狀態，那又是另一番全新體驗了。心流狀態近似於冥想狀態，讓你跟手上進行的活動合而為一，舉手投足都感到自在流暢。

你全然專注當下，將精神集中於正在進行的活動上，感到激昂投入，甚至進入忘我的境地。契克森米哈賴認為，心流狀態就是「最佳體驗」，也是快樂與自我實現的源頭。

他提出，心流狀態具備以下要素：

- 每個階段都有明確目標
- 每個行動都能得到即刻回應
- 挑戰和技能達成平衡
- 行動與意識合而為一
- 意識不受干擾
- 不擔心失敗
- 自我意識消失
- 時間感失真扭曲

・活動本身就是最終目標

透過以下步驟就能進入心流狀態：

尋求挑戰

找出一個你樂於從事，同時又有挑戰性的活動。任何活動都可以，比方說拉小提琴、寫書、做瑜伽、打高爾夫球、專注在一項工作計畫。假如這項活動有明確的規範或目標會更好，這樣你就不會疑惑到底該做什麼、該怎麼做。

開發技能

為了面對挑戰，你需要開發自身技能，提升專業能力。倘若挑選的活動太簡單，可能很快就會令你厭倦，到時候你的思緒就難以專注，無法進入心流狀態。但如果挑戰過於艱鉅，你也會感到焦躁不安，無法進入心流所需的潛意識模式。

設定明確目標

你必須清楚知道自己想在活動中達成什麼目標，也要有清楚的標準，來衡量自己是否已達成目標。舉例來說，你可以預想：「我要寫一本書，現在的目標是寫完其中一個章節。如果能先規畫好這個章節中要包含什麼內容、列出重點大綱、蒐集需要的資料和研究結果、擬定章節架構，完工後就能知道自己是否達成目標。」

全心專注於手上的任務

為了讓自己維持在心流狀態，你必須排除所有可能讓人分心的事物。不要讓外來因素影響你的專注力，干擾當下的工作狀態。一旦分神，你就得重新建構心流狀態。

預留足夠時間

進入心流狀態至少需要十五分鐘，至於要徹底專注當下、沉浸在所進行的活動中，還得再經過一段更長的時間。進入心流狀態後，你也需要充足的時間來完成目標，達成所謂的「高峰經驗」。

掌控情緒狀態

如果難以進入心流狀態，可以試著控制自己的情緒。假如你發現焦慮快朝自己襲來，就做些深呼吸或冥想之類的練習，讓自己冷靜下來。要是提不起勁，覺得沒什麼動力，不如試著重新充電，像是去運動、吃個健康的點心、打電話給朋友。接著再回去進行任務，重新進入心流狀態。

當我們專注沉浸在心流狀態中，就是徹底活在當下。在這種模式中，我們的心智最清明澄澈，完全不受干擾。

如果你發現自己沉浸在思緒中，感到紊亂不安，可以先練習幾次深呼吸，冷靜下來之後，再從事三十分鐘至一小時不等的心流活動。讓自己有充足的時間進行一項活動，你就會發現內心變得更平和冷靜，生產力和快樂程度也逐漸提升。

排除令人分心的事物（克服拖延）

拖延就像張信用卡，刷卡時輕鬆無負擔，收到帳單時又是另一回事了。

——克里斯多福・帕克（Christopher Parker）

我們做事偶爾都會拖拖拉拉，不過，推遲待辦事項卻是讓人心神不寧的一大元兇。如果你腦中有件事一直「揮之不去」，那麼你永遠沒辦法感到安心放鬆，因為那件事始終懸在心頭。

在這個難以集中精神的時代，拖延的情況也比以往更嚴重了。手機響起時，我們忍不住探頭去看；收件匣有新信進來時，我們立刻把信點開；電腦桌面永遠有好幾個分頁同時開啟，讓我們無法專心處理手上的工作。

令人分心的事物就像小偷，偷走了我們想完成任務或達成目標的決心。我們總有理由說服自己擱置工作或任務，明天再繼續進行，或是等看完幾則臉書貼文再處理。

分心會導致拖延，除此之外，恐懼感也會造成拖延。我們不僅害怕失敗，也害怕成功。採取行動前，心中的「要是……如果……」等各種念頭都令人膽怯，儘管許多擔憂害怕都毫無根據，我們依然被這些情緒給困住，裹足不前。

另一個拖延的原因，是因為我們害怕面對艱難的任務。我們不想讓大腦產生負擔，不想付出額外的精力展開新計畫。萬事起頭難，這點大家都感同身受。不過，起步之後，衝勁就會帶你向前；倘若一再拖延，這股衝勁就會流失。

原本可以投注在行動上的寶貴時間與衝勁，不僅會因為拖延而平白流失，拖延更會消耗我們的精神與動力。

越是拖延重要任務，我們越會感到愧疚。罪惡感越重，我們就越不想著手動工。動力越是不足，我們就越容易將時間花在毫無意義的瑣碎事物上，導致進度一拖再拖……最後，我們陷入不斷自責與焦慮的惡性循環中。

要克服拖延，第一步就是了解拖延會對心智造成哪些有害的影響。仔細想想，假如每天耗費一小時在拖延，那每週累積下來就有七小時，將近一整個工作天了。一整年下來，等於有五十二天都在拖延。如果善用這額外的五十二天，能有哪些成就呢？

你可以：

- 寫書
- 創業
- 經營部落格
- 重返校園進修
- 改善（建立新的）人際關係
- 學習新語言
- 完成幾個大型工作計畫

如果以上這些事情能說服你克服拖延的習慣，我們建議你遵照以下的每日行動，幫助你每週都能達成額外的成就。

預先計畫

可以在前一天睡前或當天一早起床時，決定接下來一整天該做的重要任務，接著逐一安排第二、第三重要的任務。這些事情最好是跟工作或事業有關的，這會讓你更有動力執行，例如讓你賺更多錢、拓展業務機會等。所謂的重要任務，不應該是無需動腦的行政工作或瑣碎小事。

問自己「為什麼？」

開始執行重要任務前，先自問為什麼這個任務如此重要。促使你達成任務的正向動力是什麼？達成任務能獲得哪些益處，你又會有什麼感覺？思考這些問題，能讓你在疲倦或分神時重獲動力。最好能將答案寫在紙上，帶在身邊，隨時提醒自己。

將任務拆解成小步驟

將最重要的任務拆解成數個小步驟，以及子任務。寫下完成整份任務的每個步驟與行動的優先順序，預估每個子任務需要耗費多少時間，將所需時間也記錄下來。

制定日程表

你在哪個時段會活力最充沛、創造力最豐富？對貝瑞來說，早上起床後，由於頭腦經過充分休息，因此是最佳工作時段；不過對你來說，最具生產力的時段說不定是下午。可以安排最適合的時段來執行優先從屬任務，才能讓最具生產力的時段發揮最大效用。

備齊需要的物品

著手執行任務前，請確保你已經將自己需要的東西都準備好了。例如，將咖啡、水或茶擺在桌上；準備杏仁、香蕉或紅蘿蔔等健康的小點心，以免自己肚子餓；確定房間的光線與亮度是你要的，並且讓桌子保持乾淨整齊。

重複所有步驟

假如當天的首要任務只需短短幾小時就可完成，之後就接著進行第二重要的任務，重複上述流程。完成任務二後，接著進行任務三，再次重複流程。

排除令你分心的事物

如果想保持專注，排除令你分心的事物就非常重要。在貝瑞唸大學時，她會到宿舍的自修室唸書，這個自修室僅有衣櫃大小，裡頭只擺了一張桌子、一盞檯燈。每當她想要認真準備報告或考試，完全不想被打擾或因為分心而拖延，這間自修室就是個好去處。

請找個完全不受干擾的地方工作。將手機關機，也把電腦的瀏覽器都關掉，所有的電子設備一律關靜音，這樣一來，即使收件匣有任何動靜都不會影響到你。也可以在門上放一個「請勿打擾」的告示。

從專注正念開始

開始進行重要任務的第一項子任務時，閉上眼睛，深呼吸，堅定信念，相信自己能輕鬆、有效率地完成任務。想像自己完成任務時的模樣與感受，但不要讓這個沉靜內心的時刻變成拖延的理由。開始工作前，花一到兩分鐘來做好心理準備。

設定計時器

如果你發現自己難以專注，可以先設定二十到三十分鐘（要是真的太難集中注意力，可以再縮短設定時間）。在這段時間內，專注、努力執行任務，時間到之後可以伸展一下身體，到戶外走一走，閉上雙眼，或是做任何讓你提振精神的活動。盡可能不要用這段時間來收信、長時間講電話，或是做任何會占用這段極具生產力時段的事情。

史蒂夫會運用計時器來促使自己聚精會神，其中一項策略就是番茄工作法。他會專注執行一項任務，做完整整二十五分鐘，接著休息五分鐘，然後再工作二十五分鐘，依此類推。有時候，這個方式會顯得有些嚴苛，但也能幫助他將全副精神投注在最重要的活動上。

安排時間較長的休息空檔

在每日三大任務之間，安排時間較長的休息空檔，可以是十五分鐘至一小時（一小時的長度可以當作午餐時間）。用這些空檔替自己充電，做些運動、冥想，或跟別人輕鬆閒聊。

犒賞自己

完成一項任務或一連串子任務後，讓自己休息一段時間當作獎勵（例如前面提到的休息空檔），這時可以允許自己短暫檢查手機、瀏覽信箱或社群媒體（大概十到十五分鐘），也可以做其他你覺得具鼓勵性質的活動。

安排時間，處理不需要動腦的任務

除了每日三大任務之外，一定會有其他比較不需要動腦的雜事得完成。如果你必須在一大早檢查信箱，可以安排一小段時間來瀏覽收件匣（比如五到十五分鐘）。

設定計時器，就算你在這段時間內沒有讀完所有信件，等時間一到，也要開始動手進行重要任務，等任務完成後再來繼續讀信。其他像是文書、整理或其他不需要消耗腦力的工作，可以留待精神與體力並非處於顛峰的時段來處理。

簡化行動

不疾不徐、從容優雅地啜飲眼前那杯茶。一如地球自轉的軸心，步調和緩、協調一致，不急著奔向未來，只專注活在當下。唯有當下才是人生。

——釋一行

如果能一直處在前面章節提過的心流狀態，感受不到時間的流動，與手邊的工作合而為一，那會是什麼感覺？或許那會是一種樂而忘憂、具有轉化力量的生活狀態，但你搞不好會因此餓肚子、忘記繳帳單、忘記沖澡。

在真實生活中，我們得應付各種必要的世俗瑣事，才能在結構嚴明的社會中存活。我們通常會想辦法快點「解決」這些瑣事，讓自己得以享受真正有趣、刺激的片刻。

除非你是山頂洞人或住在修道院裡，否則你生活中的大半時間和精力都會消耗在這些「真實人生」的義務上。就算你能刪減這些瑣事的數目，也不可能完全置之不理，不然生活很可能受到影響。

不過，如果想重整混亂的心理狀態，更加享受人生，其實也不需要徹底將這些瑣事拋在一旁。在處理令人不愉快、無聊、日常生活中不好也不壞的瑣事時，何不試著練習專注正念呢？

正如釋一行的引文所說，與其在喝茶時想著今日待辦事項，不如換個心態，將手中的這杯茶視為現下唯一重要的事。這種心態適用於任何行為，舉凡洗碗或清理貓砂皆是如此。

或許你很難在清理貓砂時專注於當下，但不管我們做任何事，活在當下都是一種值得追求的精神狀態。

真的有辦法時時刻刻專注當下嗎？當然不可能，不過至少我們可以嘗試。假如真的能提升生活中專注正念的次數，我們就會發現，嚮往已久的喜樂和平靜其實一直都在身邊。

以下介紹五種方式，讓你在從事枯燥乏味的生活瑣事時，也能將正念帶進生活，讓自己更活在當下、更有覺察力。

以正念的態度用餐

以前的人會花好幾個小時準備食材，加以烹調，在中午享用大餐，放下手邊的工作，坐在一起進食。隨著時代更迭，大餐時間移到了晚上，但大家仍然會圍坐在一起，用餐、聊天。

速食和新科技問世後，我們開始習慣同時執行多項任務，吃飯變得不像過去那樣重要，反而成了夾在工作與義務之間的快餐，單純只是為了讓我們不致燃燒殆盡，好在行程爆滿的生活中繼續撐下去。我們不僅不重視家庭聚餐的時光，更忽略了吃飯本身的單純喜悅。

我們或許已經很難仿照祖父母那一輩的模式，花時間準備食材，不過還是能在用餐時投入當下，用心體驗口中的食物。換句話說，最好不要在電視或電腦前用餐，而是跟家人坐在安靜、不受干擾的空間中吃飯。

想要以正念的態度進食，可以考慮這麼做：

- 吃飯前，仔細觀察食物，留意食物的顏色、味道和質地。
- 閉上雙眼，嗅聞食物的香氣。
- 體察自己的飢餓感以及吃飯的渴望。
- 將第一口食物放進口中時，感受當下的滋味與感官刺激。
- 咀嚼食物時，留意食物的滋味是如何在口中變化、擴散開來。
- 慢慢咀嚼、吞嚥食物，感謝準備食物的人。
- 吃飯時，感受食物一口口進入肚子裡是什麼感覺。
- 留意自己是否已經吃飽，如果吃飽了就停下來。不要認定自己必須將盤子裡的食物吃完，結果進食過量。

- 吃完飯，稍坐幾分鐘，讓食物消化。
- 用餐後，專注清洗碗盤和餐具，將它們歸位。

抱持正念的態度用餐，不僅有助於享受吃飯的樂趣，更能促進消化與養分吸收。研究顯示，只要放慢用餐速度，就能提升飽足感，減少熱量的攝取。

專注打掃住家

釋一行曾說，他洗碗時認真專注的程度，就像在替剛降生的佛陀淨身：「如果我不能愉快地沉醉在洗碗當中，只想草草把碗洗完然後去喝杯茶，那我也無法在喝茶時全然投入、享受。」

收拾居家環境時，與其單純把這項行動當成整理思緒的一種方法，不如專注在整理的每個步驟中，不要只想趕快把事情做完。當然，打掃不會自動昇華成一項頂級的體驗，但只要專注在打掃的優雅過程和整潔的環境上，我們的內心感受自然會有所提升。試著將打掃住家環境當成一個好機會，好好體驗活在當下、全然享受生活的感覺。

這種轉換心態的作法適用於各種日常例行公事，像是洗車、除草甚至是繳帳單。你可以在做這些事情時心懷懼怕或痛恨，但也可以全神貫注，對於自己能完成這些任務懷抱感恩之心，謝謝這些瑣事讓人生更豐富美好。無論這些雜務有多枝微末節，還是值得好好花時間去執行。

專注走路

貝瑞在《正念的寧靜》這本書中提過：「走路、散步時，你可以專注、正念地聆聽自己的腳步聲，聆聽周遭大自然的聲響。將眼前的景色烙印在腦中，感受溫暖或涼爽的空氣，仔細嗅聞室外的氣味。」

無論身處室內還是室外，無論目的地是哪裡，都請將注意力集中在走路的過程上。不必急著探尋終點在哪，而是將走路當成終極的目標。

專注體驗大自然

許多研究顯示，時常與大自然為伍能改善身心狀況。身處樹林或綠意盎然的環境中，能獲得以下益處：

- 增強免疫系統
- 降低血壓
- 消除壓力
- 改善心情

- 提升專注力
- 縮短手術或疾病的復原期
- 提升精神
- 改善睡眠品質

只要到大自然裡散個步，或在森林裡靜坐片刻，就能享有這些益處。如果能在置身大自然時更專注、正念，就能加強這些益處的效用，特別是消除壓力、改善心情和專注力等。

在大自然中時，試著留意每一種感官知覺，全然活在當下，沉浸在周遭環境裡。

聆聽……小鳥的叫聲、樹葉的沙沙聲、溪水衝擊石頭的聲響。

觀看……陽光和陰影、林地上的小巧野花、在空中盤旋的鷹。

嗅聞……腐葉散發的泥土味、忍冬的芳香、剛下過雨的清新氣味。

綠地和樹林的力量相當強大，如果你正試著清理紛亂的內心狀態，可以將置身大自然當成整理思緒的方法之一。

專注運動

運動的好處不勝枚舉，或許用一整本書的篇幅都寫不完。運動對生理健康的貢獻顯而易見，不過運動也能替心理健康帶來不少益處，有助於維持心智冷靜清明。

在波士頓大學擔任心理系教授的麥克・奧托（Michael Otto）博士，曾替美國心理學會撰寫一篇文章，他指出：「運動和情緒高度相關。適度運動五分鐘，情緒通常就能獲得改善。」

這篇文章還指出，許多研究證實運動能治療或預防焦慮和憂鬱。焦慮和憂鬱都是心智紊亂、精神無法專注、過度勞心傷神可能導致的結果。

運動能讓人更健康、更勻稱也更快樂，這個說法幾乎已是不可推翻的真理，可惜多數人還是對運動敬而遠之。運動對某些人來說可能像是做家事，對另一群人來說卻像要承受肉體折磨那般痛苦。我們會這麼抗拒運動，多少和面對運動的態度有關：我們將運動視為一種達成目的的手段，例如減重、調節壓力、預防疾病等等。

實際上，如果能去除批判、依賴和恐懼的思維，運動將不再是令人厭惡的義務，而是值得嚮往的活動。往後，每當想到運動，我們就不會再產生不自在或想放棄的心態，也不會鑽牛角尖地評估運動的成效。運動時，只要專注於身體的活動即可，每次督促自己進步一些些，將焦點擺在身體上。

無論從事哪些運動或活動，都能在過程中練習正念，讓思緒更集中、澄澈。

不妨試試以下建議：

專注在身體上

開始運動時，留意自己的姿勢。這個姿勢正確嗎？以身體核心為基準，檢查全身的姿勢是否標準？

核心能支撐身體，是力量的來源。想讓核心部位發揮支撐效果，其他身體部位的位置就不能有所偏移：背部必須挺直、肩膀向後收、頭抬高（除非你從事的運動要求不同動作）。

盡量用核心位置來施力，讓四肢放鬆、自然垂放。就算你用手臂或腿部來支撐身體力量，也要運用核心肌群的力量來給予協助。運動時，專注在核心肌群，想像有根鐵桿讓身體保持挺直。

專心體會身體的感覺，會不會感到疼痛或不自在？不要回應這些感受，只要留意這些感受的存在即可。「膝蓋好痛……我的呼吸節奏亂了……外頭好熱……」不要害怕或抗拒疼痛與不自在的感覺，盡量深呼吸，想像這些不適逐漸緩解。

運動時，想像自己將能量或力量傳遞到正在活動的那個部位。如果是同時活動多個部位，就讓能量在全身流動。

尋找投射專注力的點

進入運動的律動模式後，尋找一個能集中注意力的焦點，例如將精神集中在呼吸上、在大自然中的聲響上，或是在心中反覆默念某一句話。舉例來說，跑步時可以將注意力投射在腳步聲上，或是在心中默念與跑步節奏一致的祈禱詞、自我鼓勵的話語等等。

進行重量訓練時，全神貫注感受自己正在訓練的那塊肌肉，以及肌肉周圍的能量。仔細感受呼吸的節拍，在舉起重量時吐氣，放鬆時吸氣。持續將注意力集中在呼吸上，即使是在舉起和放下之間的空檔也不例外。

如果腦中突然出現思緒干擾，只要將注意力移回呼吸或默念的句子即可，也可以先好好感受身體當下的感覺，視情況稍作調整或放鬆，接著再繼續專注呼吸、默念句子。

留意周遭環境

無論在什麼環境中運動（室外或室內），請留意溫度、景色、聲音、氣味，或是其他影響整體感受的感官刺激。將注意力從體內引導到周遭環境上，留意身邊的一切因素。

如果身處室外，可以在專注留意周遭事物時，放鬆享受運動和身處大自然對心理健康帶來的雙重益處。

我們隨時可能被吸進思緒與各種干擾的渦流之中，即使是當我們注視著絢爛的星空，或是正將碗盤擺進洗碗機時，也很容易因為心智紊亂，結果對自己當下的感受和體驗渾然不覺。

「荒野之心」（Wilderness Minds）休養計畫創辦人蕭托．拉德福德（Sholto Radford）表示：「正念練習能讓我們放下目標和期待，看看原本不斷奮力運轉的大腦暫時停歇之後，腦中會浮現哪些念頭和感受。」

我們的任務是讓自己清醒，真心感受所有體驗，全神貫注活在當下，而不是被思緒和擔憂給綑綁。就算這種片刻極為短暫，也總比完全沒有這種體驗來得好。只要花時間練習，就會發現自己逐漸回到當下，一舉一動變得更流暢、不受思緒阻礙。回到當下的時刻越長，就能將人生活得更充分徹底。

| 結論 |

關於整理思緒的最後重點提醒

你所經歷的一切，以及對他人生活的所有貢獻，全都奠基於你的心智和精神狀態上。既然如此，訓練思緒和心智確實有其必要。

——山姆．哈里斯

訓練思緒就像整理住家，差別只在一個是心理狀態，另一個是外在環境。只要每天反覆練習，就能越來越得心應手。不過，訓練思緒並不像打掃居家環境那樣單純或直截了當。

我們首先要下定決心，再搭配持續練習，才有辦法掌控自己的思緒。不僅如此，我們還得每天、甚至是每分每秒，都對自己的心理狀態保持高度警覺，搞清楚那個猴子般亂竄的思維到底在耍什麼把戲。

如果放任自己的心靈不管，那些思緒就會來回擺盪，被陳年回憶給牽著走，被令人分心的事物帶到遠方，或是沉溺在仇恨、憤怒的痛苦旋渦中。另一種比較正向的情況是沉醉在白日夢或幻想之中，但這仍然是思緒不受控制的一種表現。

假如不留意雜亂的心理狀態，思緒和情緒就會繼續恣意妄為、任性善變，這麼一來，生活將變得難以預料，被變化無常的思緒給牽著走。

我們每天都會被意識給干擾、影響，表示心智的運作其實多半不受意識控制，這點著實令人惱怒。不僅如此，更讓人不好受的是，那些思緒感覺起來既真實又強大，深刻影響我們對於世界的理解和感知。

現在，靜下心來，將變化莫測的思緒當成不帶任何意義的雜念吧。搞不好這些擾人安寧的思緒根本不是事實，甚至比牆上隨興的塗鴉更無足輕重。這些思緒或許是跟某段回憶或情緒有關，不過在這個當下，它反映的並非事實。大多數時候，這就是思緒的真面目。

儘管潛意識絕對不會讓我們完全掌控思緒，但我們還是有辦法控制其中一部分。此外，我們也能改變自己對這些思緒的反應或習慣，藉此掌控思緒及其帶來的感受。

本書提供各式各樣的建議與工具，協助讀者整理雜亂的內心狀態，平息腦中的負面聲音，讓生活中的負擔更少、心智更平和寧靜。

專注呼吸與正念冥想

讓你以放鬆的態度來面對思緒，學習從擾人安寧的念頭和情緒中抽離。

干擾、重塑並挑戰腦中思緒

讓你試著控制思維模式，削弱思緒對你的影響。

找出核心價值

清楚界定行動和抉擇，不讓自己有理由擔心或過度焦慮。

釐清人生優先事項

避免把時間浪費在事後令人悔恨或痛苦的事物上。

依據核心價值和人生優先事項，設定目標

採取方向明確的行動，提振自尊心，讓精神更加充沛。

找出人生熱情並加以實踐

讓自己的行動目標更真切、更有目的，執行時也會更開心歡喜，不讓負面思想有發展空間。

面對人際關係時，更專注正念、活在當下

避免互動時可能產生的衝突，讓心理負擔減到最低，並在關係中感到更滿足。

讓居家環境和數位生活保持井然有序、乾淨整齊、簡潔流暢

去除令人分心的事物，讓自己專注於核心價值、人生優先事項和目標上。

下定決心減少待辦事項和義務

減少負擔，讓自己有更多「空間」能夠活在當下、專注人生。

專注在手上的任務，沉浸在「心流」活動中

擺脫腦中喋喋不休的內在獨白，跟活動合而為一，感到快樂、充實和滿足。

對抗拖延的惡習

學會快速採取第一步行動，就能避免因為拖延而感到焦慮。

用正念的態度進行所有日常活動

例如洗碗或是運動，讓你徹底除去繁雜的思緒，只讓當下的真實人生留在腦中。美國心理學家亞伯拉罕・馬斯洛認為：「活在當下的能力，是心理健康的一大要素。」

決定好該從那裡下手，練習整理心智狀態了嗎？

我們建議，可以先列出自己的核心價值、人生重要事項和目標。設定好這些標準和方向之後，就能輕鬆判斷哪個生活領域讓自己感到最煩亂，又該如何應對處理。

舉例來說，如果你有一項核心價值是「建立穩固的人際關係」，卻發現自己不斷和他人發生衝突，或是時常為了人際互動而鬱鬱寡歡，那麼我們在書中提到的幾種人際關係練習，或許就是你著手整理心智狀態的第一步。

你可能會發現，自己不斷貶低自身能力、對外表缺乏自信，這些負面思維都讓你無法盡情享受人生。若是如此，你的第一步就可以嘗試學習自我接納、停止與他人比較，以及試著原諒、放下。

我們介紹的練習當中，有的每天只需要花一點點時間就能完成，例如呼吸、冥想、簡化物品和生活事務、日常正念等等。這些練習能幫助你達成難度更高的目標，像是改善人際關係、擺脫過去，或是找到人生熱情。

我們建議，將練習心智整理技巧的過程記錄下來，並且寫下這些練習對你的生活和情緒有何改善。持續追蹤練習狀況和隨之而來的改變，就能在努力整理心智狀態時更有動力和方向。

整理思緒是一輩子的功課，能讓我們獲得巨大回饋，大幅提升生活品質。只要花越少時間「在腦中」跟那些擾人安寧的負面思緒為伍，我們就有更多時間享受當下，沉浸在往後人生的每分每秒中。

現在，既然你已經知道，有哪些辦法可以擺脫腦中各種雜訊所帶來的焦慮，請立刻採取行動吧。就是今天，請迎向生命中最大的挑戰，向自己承諾要在下週解決問題。

祝福所有讀者好運！

| 附錄 |

定義核心價值的四百個關鍵詞

核心價值是人生的最高指導原則，讓我們在待人處事、言談溝通和採取行動時，能夠有所依據。定期評估自己的核心價值，在必要時做出改變，不讓生活方式悖離這些最重要的價值，我們才能有所成長。

假如能讓核心價值與生活方式一致，就能擺脫疑惑、罪惡或羞愧，擁抱快樂平和的內心，成功達成理想，真真切切地活著。就算只是循序漸進的細微改變，只要能將核心價值運用到生活中，你的感受和態度就會有正向積極的轉變。

請瀏覽以下的四百個核心價值關鍵詞，分別為私人生活和工作職場各挑選五到十個詞。

寫下自己挑選的詞彙，評估自己是否在生活中實現了這些價值。如果沒有，該做出哪些改變，才能讓生活方式更符合核心價值？今天就能採取的初步行動是什麼？

能力
接納
成就
適應
機敏
感情
機警
野心
期望
豐富
成績
認同
適切
冒險
富裕
活力
樂趣

賞識
易於接近
表達能力
保證
吸引力
可得性
威嚴
美麗
歸屬感
喜樂
勇敢
活潑
冷靜
直率
關心
肯定
慈善

貞潔
清明
整潔
親密
舒適
同情
完成度
專注程度
一致性
藝術性
獨斷
關注
大膽
意識
平衡
投入當下
善心

魄力
卓越才華
心情輕鬆
夥伴情義
才能
謹慎
挑戰
魅力
愉快
別緻
聰明
判斷
承諾
勝任程度
沉著
自信
一致性

連結
協調
連續性
控制
歡樂
合作
和睦
勇氣
熟練
可信度
好奇心
決斷
深度
精緻
可靠程度
慾望
忠誠

靈巧
勤勉
方向
洞察力
紀律
多樣性
驅動力
活力
意識
滿意
貢獻
信念
冷靜
旺盛
正確性
禮貌
創造力

世故
勇於冒險
合宜
敬意
喜悅
深入
判定
虔誠
尊嚴
圓滑
直接
慎重
探索
夢想
本分
熱切
經濟

教育
效率
優雅
鼓勵
精力
啟發
熱情
精確
興奮
期望
經驗
探查
奢侈
繁茂
公平
名譽
時尚

忠貞
手段
體態
心流
流動性
剛毅
自由
狂喜
效用
興高采烈
同理心
耐力
享受
娛樂
演進
卓越
不亦樂乎

適宜
專業能力
善於表達
外向性格
促進
信仰
陶醉
無畏
精細
堅固
靈活
流利
焦點
坦率
友好
樸素
英勇

溫婉
給予
感恩
合群
指導
和諧
心
英雄主義
誠實
樂觀
謙遜
衛生
影響
毫無缺點
產業
鑽研
靈感

廉正
強烈
勇猛
直覺
創造性
明智審慎
趣味
慷慨
真誠
恩典
感謝
成長
幸福
健康
樂於助人
聖潔
榮譽

親切款待
幽默
想像力
公正
獨立
心靈手巧
洞察力
本能
智能
親密
內向
直觀
喜悅
正義
敏銳
知識
領導

解放
生動
長壽
忠心
征服
順從
謹慎仔細
穩健
動機
整潔
服從
開放
豐裕
組織規畫
獨特古怪
熱忱
感知力

毅力
說服力
孝道
愉悅
豐饒
善良
奢華
學習
自主
邏輯
愛
威嚴
成熟
甜美柔和
正念
謙虛
神秘

魄力
開明
樂觀
秩序
獨創性
狂暴
平和
完美
堅持
慈善
玩興
樂事
鎮定自若
精鍊
潛力
實用主義
傑出

存在
積極
專業
謹慎
純粹
寂靜
寫實
理智
休養
反思
可信賴
決心
足智多謀
寧靜
崇敬
嚴格
犧牲

聖潔
滿足
自我控制
自我實現
聲望
實際
精確
隨時備戰
隱私
精通
繁榮
準時
資格
迅速
準備就緒
認可
高雅

放鬆
恢復力
決心
尊重
克制
富足
神聖
睿智
樂天
安全感
無私
自食其力
敏感度
安詳
性能力
精明
安靜

簡單
技巧高超
老練
穩健
安定性
精神
自發性
靜止
結構
成功
支持
驚訝
共感
得體
節慾
縝密
節約

適時
安寧
信任
感官享受
服務
分享
意義
糊塗
誠意
聰明
團結
孤獨
速度
靈性
穩定性
力量
真實價值

充足
至高無上
頂級一流
協力
團隊合作
謝意
體貼
整潔
謹守傳統
卓絕超然
誠信度
真相
獨樹一格
用處
剛勇
勝利
美德

生命力
溫暖
財富
任性
迷人可愛
急智
值得敬佩
狂熱
理解
統一
效用
多采多姿
強健
眼界
活潑
警覺
有益健康

意願
智慧
奇蹟
激情
興致

關於史蒂夫．史考特

史蒂夫．史考特在著作中提供關於生活各領域的日常行動計畫，包含健康、健身、工作、人際關係等不同面向。史蒂夫的著作有別於其他的自我成長書籍，是將重點擺在採取實際行動上。在他的著作中，你可以讀到能夠立刻執行的行動，而不是言過其實、在現實生活中根本不堪用的策略。

關於貝瑞．達文波特

貝瑞是獲獎網站「活出自信，活出光彩」（Live Bold and Bloom）創辦人，這個網站的宗旨是協助他人發展、自我成長。她是領有執照的個人成長教練，也負責編寫線上課程，幫助民眾運用有效而實用的策略來突破舒適圈，打造更快樂、豐富、成功的人生。此外，貝瑞也寫了數本勵志書籍，專門探討好習慣、生命熱情、建立自信、專注正念、極簡等主題。

身為企業家、三個孩子的媽兼屋主，貝瑞深知，簡化、管理內外在的生活，能對人生帶來意義非凡的重大改變。透過這些方式，任何人都能消除壓力，盡情享受人生。

人生減壓的思緒清理術

清理造成負擔的雜亂思緒，找到真正屬於自己的核心價值和目標

Declutter Your Mind:
How to Stop Worrying, Relieve Anxiety, and Eliminate Negative Thinking

---

作　　者　史蒂夫 · 史考特（S. J. Scott）
　　　　　貝瑞 · 達文波特（Barrie Davenport）
譯　　者　溫澤元
責任編輯　陳思穎、顏妤安
行銷企畫　高芸珮
封面設計　陳文德
版面構成　呂明蓁
發 行 人　王榮文
出版發行　遠流出版事業股份有限公司
地　　址　臺北市南昌路 2 段 81 號 6 樓
客服電話　02-2392-6899
傳　　真　02-2392-6658
郵　　撥　0189456-1
著作權顧問　蕭雄淋律師
2019 年 9 月 1 日 初版一刷
定價新台幣 300 元

ISBN　978-957-32-8621-9
遠流博識網　http://www.ylib.com　E-mail: ylib@ylib.com
（如有缺頁或破損，請寄回更換）

國家圖書館出版品預行編目 (CIP) 資料

人生減壓的思緒清理術：清理造成負擔的雜亂思緒，找到真正屬於自己的核心價值和目標 / 史蒂夫 . 史考特 (S. J. Scott), 貝瑞 . 達文波特 (Barrie Davenport) 作 ; 溫澤元譯 . -- 初版 . -- 臺北市 : 遠流 , 2019.09
　面；　公分
譯自 : Declutter your mind : how to stop worrying, relieve anxiety, and eliminate negative thinking
ISBN 978-957-32-8621-9 (平裝)

1. 抗壓 2. 壓力 3. 自我實現

176.54　　108012630